Mobiliarsachenrecht Kompakt

von

Luise Warmuth

1. Auflage 2016

ISBN-13: 978-1519128928

1. Auflage 2016

Luise Warmuth in Zusammenarbeit mit Eva Rietschel;
Jurakurs E.M.R. UG (haftungsbeschränkt),
Westfälische Str. 82, 10709 Berlin

www.jurakurs.de
E-Mail: kontakt@jurakurs.de

Das Skript ist urheberrechtlich geschützt. Insbesondere der Nachdruck, die Weitergabe auf photomechanischem oder ähnlichem Weg, die Speicherung in Datenverarbeitungsanlagen, auch bei nur auszugsweiser Verwertung, bedarf der Zustimmung der Jurakurs E.M.R. UG (haftungsbeschränkt).

Vorwort

Das Mobiliarsachenrecht ist die Zusammenfassung der Rechtsnormen, welche die Beziehung einer Person zu einer beweglichen Sache, also das unmittelbare dingliche Recht an einer beweglichen Sache, regeln.

Studenten empfinden dieses Rechtsgebiet oftmals als komplex, unübersichtlich und unverständlich. Das vorliegende Skript befasst sich mit dem examens- und studienrelevanten Grundwissen, welches jeder Studierende verinnerlichen sollte.

Das Skript soll dir dem leichten Einstieg in die Materie dienen und Übersichtlichkeit in die Thematik des Fremden bzw. eine Ordnung in das Bekannte bringen. Außerdem dient das Skript begleitend dem Kursprogramm auf **www.jurakurs.de**, in welchem das Mobiliarsachenrecht in Form von Videoaufzeichnungen und Online-Testreihen erklärt und trainiert wird. Das Skript enthält das nötige Basiswissen mit kurzer Darstellung der Grundproblematiken in kompakter Form. Deshalb eignet sich das Werk optimal zur schnellen überblicksartigen Wiederholung vor dem Examen bzw. dem Einstieg im Studium.

Durch Übersichten, Prüfungsschemata und Beispiele wird die Materie veranschaulicht und das sachenrechtliche Denken geschult.

Falls trotz sorgfältiger Erstellung Rechtschreib- oder Schlüssigkeitsfehler vorliegen sollten, würden wir uns über eine Nachricht an konakt@jurakurs.de freuen.

Wir wünschen Dir viel Erfolg für das Studium!

Schau auf unserer Facebook-Seite vorbei (@jurakurs) und entdecke die Kursmöglichkeiten auf unserer Webseite!

Herzliche Grüße
Luise und das Jurakurs-Team!

Inhaltsverzeichnis

I. Legende 1

II. Einführung... 1
   1. Regelungssystematik 1
   2. Die sechs Grundprinzipien des Sachenrechts 3
      a) Publizitätsprinzip 4
      b) Absolutheitsprinzip 4
      c) Spezialitätsgrundsatz 5
      d) Prinzip des Typenzwangs 7
      e) Trennungsprinzip 7
      f) Abstraktionsprinzip 7

III. Grundbegriffe.. 9
   1. Sache, § 90 BGB... 9
   2. Bestandteil, §§ 93 ff. BGB.. 10
   3. Das Zubehör, §§ 97, 98 BGB 11
   4. Früchte und Nutzungen, §§ 99, 100 BGB 12
   5. Sachgesamtheiten 12
   6. Verfügung 13

III. Der Besitz 14
   1. Begriff und Inhalt... 14
   2. Formen des Besitzes 14
      a) Unmittelbarer Besitz, § 854 BGB 15
      b) Mittelbarer Besitz, § 868 BGB 16
      c) Besitzdienerschaft, § 855 BGB... 17
      d) Eigenbesitz und Fremdbesitz 18
      e) Alleinbesitz, Mitbesitz (§ 866 BGB) und Teilbesitz (§ 865 BGB).. 19
      f) Berechtigter und unberechtigter Besitz 19
      g) Abgrenzung zum Gewahrsam 19

- 2. Erwerb und Verlust des Besitzes 20
  - a) Unmittelbarer Besitz 20
  - b) Mittelbarer Besitz 22
- 3. Besitzschutz 22
  - a) Übersicht 22
  - b) Die Gewaltrechte der §§ 859, 860 BGB 23
  - c) Die possessorischen Ansprüche aus §§ 861, 862 BGB ... 26
    - aa) Der Herausgabeanspruch aus § 861 BGB 26
      - (1) Besitzentzug beim Anspruchsteller 27
      - (2) Fehlerhafter Besitz des Anspruchsgegners 27
      - (3) Kein Ausschluss oder erlöschen des Anspruchs ... 28
    - bb) Anspruch wegen Besitzstörung, § 862 BGB 29
    - cc) Einwendungen des Entziehers oder Störers, § 863 BGB 30
  - d) Schutz des gutgläubigen Besitzers, § 1007 BGB 30
  - e) Besitzschutz durch Deliktsrecht 32
- IV. Das Eigentum 33
  - 1. Begriff und Inhalt 33
  - 2. Formen des Eigentums 33
    - a) Alleineigentum 34
    - b) Miteigentum nach Bruchteilen, §§ 1008ff. BGB 34
    - c) Gesamthandseigentum 35
    - d) Wohnungseigentum 35
    - e) Teileigentum 36
  - 3. Erwerb des Eigentums 36
    - a) Einführung 36
    - b) Der rechtsgeschäftliche Eigentumserwerb von beweglichen Sachen 36
      - aa) Die Übereignung gem. § 929 S. 1 BGB 38
        - (1) Einigung 38
        - (2) Übergabe 39
        - (3) Das Einigsein 40
        - (4) Berechtigung 41
      - bb) Die Übereignung nach § 929 S. 2 BGB 42
      - cc) Die Übereignung durch Besitzkonstitut gem. §§ 929, 930 BGB 43
      - dd) Die Übereignung durch Abtretung des Herausgabeanspruchs, §§ 929, 931 BGB 44

- c) Der gutgläubige Erwerb beweglicher Sachen 45
  - aa) Überblick 45
  - bb) Der gute Glaube 46
  - cc) Gutgläubiger Erwerb gem. §§ 929 S.1, 932 BGB 47
  - dd) Gutgläubiger Erwerb gem. §§ 929 S. 2, 932 BGB 47
  - ee) Gutgläubiger Erwerb gem. §§ 929 S. 1, 930, 933 BGB 48
  - ff) Gutgläubiger Erwerb gem. §§ 929 S. 1, 931, 934 BGB 49
  - gg) Gutgläubiger lastenfreier Erwerb gem. § 936 BGB 50
  - hh) Abhandengekommene Sachen 51
  - ii) Rückerwerb des Nichtberechtigten 52
- d) Der gesetzliche Eigentumserwerb von beweglichen Sachen 53
  - aa) Überblick 53
  - bb) Verarbeitung, Verbindung und Vermischung, §§ 946 ff. BGB 54
    - (1) Eigentumserwerb durch Verarbeitung gem. § 950 BGB 54
      - (a) Voraussetzungen 54
      - (b) Rechtsfolge: Eigentumserwerb des Herstellers 56
    - (2) Eigentumserwerb durch Verbindung mit einem Grundstück, § 946 BGB 57
    - (3) Eigentumserwerb durch Verbindung beweglicher Sachen, § 947 BGB 58
    - (4) Eigentumserwerb durch Vermischung oder Vermengung beweglicher Sachen, §§ 948 I, 947 BGB 60
    - (5) Ausgleich für den Rechtsverlust durch §§ 946ff. BGB 61
  - cc) Erwerb von Erzeugnissen und Bestandteilen einer Sache, §§ 953ff. BGB 62
    - (1) Grundsatz § 953 BGB 63
    - (2) Eigentumserwerb des gutgläubigen Eigenbesitzers oder Nutzungsbesitzers gem. § 955 BGB 63
    - (3) Erwerb des Aneignungsberechtigten, § 956 BGB . 64
  - dd) Ersitzung, § 937 BGB 65
  - ee) Aneignung herrenloser Sachen, § 958 BGB 66
  - ff) Fund, § 973 BGB 66
  - gg) Eigentum an Schuldurkunden, § 952 BGB 68

- 4. Der Eigentumsvorbehalt, § 449 BGB 68
  - a) Begriff 68
  - b) Vereinbarung eines Eigentumsvorbehalts 69
  - c) Rechtliche Wirkungen 69
  - d) Das Anwartschaftsrecht 70
    - aa) Begriff 70
    - bb) Anwartschaftsrecht als Recht zum Besitz 70
    - cc) Schutz des Anwartschaftsrechtes 71
    - dd) Erwerb des Anwartschaftsrechts 72
      - (1) Ersterwerb des Anwartschaftsrechts 72
      - (2) Zweiterwerb des Anwartschaftsrecht 72
    - ee) Erlöschen des Anwartschaftsrecht 73
  - e) Sonderformen des Eigentumsvorbehalt 74
    - aa) Verlängerter Eigentumsvorbehalt 74
    - bb) Erweiterter Eigentumsvorbehalt 74
    - cc) Weitergeleiteter Eigentumsvorbehalt 75
- 5. Die Sicherungsübereignung 75
  - a) Begriff und Voraussetzungen 76
  - b) Abgrenzung zum Pfandrecht 77
  - c) Der Sicherungsvertrag 77

V. Das Eigentümer-Besitzer-Verhältnis 78
- 1. Überblick 78
- 2. Der Herausgabeanspruch aus § 985 BGB 78
  - a) Eigentum des Anspruchssteller 79
  - b) Besitz des Anspruchsgegners 82
  - c) Fehlendes Recht zum Besitz 82
  - d) Rechtsfolge: Herausgabe 85
  - e) Verjährung 86
  - f) Konkurrenzen 87
- 3. Nebenansprüche des Eigentümers 87
  - a) Überblick 87
  - b) Bösgläubigkeit und Rechtshängigkeit 89
    - aa) Bösgläubigkeit 89
    - bb) Rechtshängigkeit 90
    - cc) Hilfspersonen 90
  - c) Ansprüche auf Nutzungsherausgabe 91
    - aa) Anspruch aus § 987 I BGB 91

- bb) Anspruch aus § 987 II BGB..92
- cc) Anspruch aus § 988 BGB..92
- dd) Anspruch aus § 993 I BGB..93
- 4. Ansprüche auf Schadensersatz..94
  - a) Schadensersatzanspruch aus § 989 BGB bei Rechtshängigkeit oder Bösgläubigkeit...94
    - (1) Verschlechterung, Untergang oder sonstige Unmöglichkeit der Herausgabe..95
    - (2) Verschulden..96
    - (3) Schaden..96
  - b) Anspruch auf Schadensersatz gegen den Besitzmittler gem. § 991 II BGB..96
  - c) Verschärfte Haftung des § 992 BGB..97
- 5. Beseitigungs- und Unterlassungsanspruch aus § 1004 BGB 99
- 6. Ansprüche und Rechte des Besitzers 100
  - a) Überblick...100
  - b) Begriff der Verwendung..100
  - c) Ersatz notwendiger Verwendungen bei Gutgläubigkeit, § 994 I 1 BGB...101
  - d) Ersatz notwendiger Verwendungen nach Rechtshängigkeit oder Bösgläubigkeit, §§ 994 II, 683 S. 1, 670 BGB..............102
  - e) Ersatz nützlicher Verwendungen, § 996 BGB.........................103
  - f) Umfang des Verwendungsersatzanspruchs............................104
  - g) Geltendmachung der Verwendungsersatzansprüche.............105
    - aa) Allgemein...105
    - bb) Erlöschen des Verwendungsersatzanspruchs.................105
    - cc) Verwendungsersatzansprüche von Dritten......................105
    - dd) Zurückbehaltungsrecht nach § 1000 BGB......................106
  - h) Das Wegnahmerecht aus § 997 BGB......................................107
- 7. Konkurrenzen 107
  - a) Grundsatz..107
  - b) Verhältnis der EBV-Ansprüche untereinander.......................108
  - c) Verhältnis zu vertraglichen Ansprüchen................................108
  - d) Verhältnis zum GoA-Recht...110
    - aa) Echte berechtigte GoA ohne Auftrag..............................110
    - bb) Echte unberechtigte GoA ohne Auftrag..........................110
    - cc) Angemaßte Eigengeschäftsführung.................................111
  - e) Verhältnis zum Bereicherungsrecht..111
    - aa) Nutzungsherausgabe...111
    - bb) Ersatz von Verwendungen..112

f) Verhältnis zum Deliktsrecht 113
    aa) Gesetzliche Ausnahme, § 992 BGB 113
    bb) Fremdbesitzerexzess 114
g) Verhältnis zu dem Anspruch aus § 951 BGB 115

Einleitung

I. Legende

(P) = Problem
(W) = Wichtig
(B) = Besonderheit

II. Einführung

1. Regelungssystematik

Das **Sachenrecht** regelt den Erwerb und Verlust von Sachen, sowie die an Sachen möglichen Rechte. Das erste Buch des BGB definiert in den §§ 90-103 BGB die Grundbegriffe des Sachenrechts und regelt die Sacheigenschaft.
Das Dritte Buch des BGB enthält in den §§ 854-1296 BGB die zentralen Regelungen und damit die Kernmaterie des Sachenrechts.

Das **Mobiliarsachenrecht** ist Teil des allgemeinen Sachenrechts, es gilt allerdings nur für **bewegliche Sachen**. Von besonderer Bedeutung sind dabei die Regelungen zum **Besitz** (§§ 854-872 BGB), **Eigentum** (§§ 903-984 BGB) und **Eigentümer-Besitzer-Verhältnis (sog. EBV)** (§§ 985-1011 BGB).

Mobiliarsachenrecht Kompakt

Struktur des Videokurses:

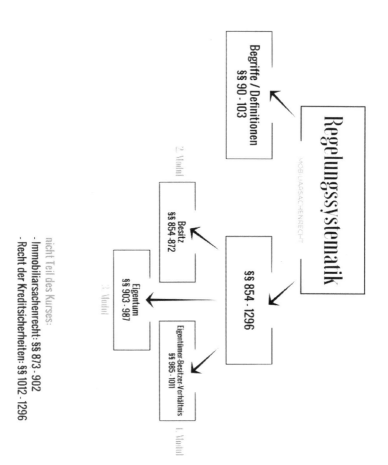

Mobiliarsachenrecht Kompakt

2. Die sechs Grundprinzipien des Sachenrechts

Im Sachenrecht gibt es sechs besondere Prinzipien:

P	Publizität
A	Absolutheit
S	Spezialität
T	Typenzwang
A	Abstraktion

Tipp:

Die Prinzipien lassen sich durch die Eselsbrücke „**PASTA**" ganz einfach merken, wobei das letzte „A" das Abstraktionsprinzip im weiteren Sinne meint, also das Trennungsprinzip mit einschließt.

Mobiliarsachenrecht Kompakt

a) Publizitätsprinzip

Im Sachenrecht geht es hauptsächlich um die Zuordnung von dinglichen Rechten. Um Komplikationen zu vermeiden, ist dem Gesetzgeber daher an Rechtssicherheit gelegen.[1]

Nach dem **Publizitätsprinzip** muss deswegen anhand objektiv erkennbarer Umstände offensichtlich sein, wem ein dingliches Recht an einer Sache zuzuordnen ist.[2]

> Beispiel:
>
> *§ 929 S. 1 BGB fordert für die Übertragung des Eigentums an einer beweglichen Sache die Übergabe der Sache, d.h. dem Erwerber muss Besitz an der Sache verschafft werden.*
>
> *Bei der Eigentumsübertragung eines Grundstückes ist gem. § 873 I BGB die Eintragung ins Grundbuch notwendig.*

b) Absolutheitsprinzip

Das **Absolutheitsprinzip** beschreibt die Wirkung der dinglichen Rechte. Dingliche Rechte sind demnach absolut. D.h. anders als die relativen Rechte des Schuldrechts, die lediglich zwischen den Parteien wirken (z.B. Anspruch auf Zahlung des Kaufpreises aus § 433 II BGB), wirken dingliche Rechte gegenüber jedermann.[3]

In der Rechtspraxis erwirkt dieses Prinzip einen umfassenden Rechtsschutz für den Inhaber dinglicher Rechte. So

---

[1] *Lücke*, § 1 Rn. 36.
[2] *Wolf/Wellenhofer*, § 3 Rn. 5.
[3] *Lücke*, § 1 Rn. 37; *Vieweg/Werner*, § 1 Rn. 6.

kann z.B. der Eigentümer die Sache von jedem, der sie ihm gegenüber unberechtigt besitzt, herausverlangen.

c) Spezialitätsgrundsatz

Der **Spezialitätsgrundsatz** legt fest, dass dingliche Rechte grds. immer nur an bestimmbaren, einzelnen Sachen bestehen können. Es muss also genau festgelegt werden, welche Sache welcher Person zuzuordnen ist. Dingliche Rechte an Sachgesamtheiten sind folglich nicht möglich.[4]

> Beispiel 1:
>
> *A leiht sich von seinem Freund B einen Roman. Nachdem er diesen gelesen hat, stellt er den Roman in seine eigene Bibliothek. Wenn B den Roman jetzt zurückverlangt, kann A nicht sagen, er sei Eigentümer seiner Bibliothek und deshalb auch Eigentümer des in die Bibliothek einverleibten Romans. Es existieren nämlich vielmehr gleich so viele Eigentumsrechte wie Bücher.*

> Beispiel 2:
>
> *Ein Eigentum an einem „Unternehmen" ist nicht möglich, sondern nur an einzelnen Gegenständen (Mobilien, Immobilien). D.h. zur Übertragung des Unternehmens muss eine Übereignung über einzelne bewegliche Sachen gem. §§ 929ff. BGB, über einzelne Grundstücke gem. §§ 873, 925 BGB und eine Abtretung über Forderungen gem. §§ 398ff. BGB erfolgen.*

---

[4] *Vieweg/Werner*, § 1 Rn. 7.

Mobiliarsachenrecht Kompakt

> **(P)** Ist die Übereignung eines mit der Bezeichnung eines bestimmten Raumes gekennzeichneten Warenlagers möglich? Oder bedarf es der Beifügung einer konkreten Inventarliste?

→ (+), die Übereignung ist auch ohne Inventarliste möglich, wenn aufgrund einfacher Abgrenzungskriterien für jeden, der die Parteiabrede kennt, ohne weitere Prüfung ersichtlich ist, welche Sachen übertragen werden sollen und welche nicht.[5]

> **(P)** Ist die Übereignung von 50 % des Warenlagers möglich?

→ (-), denn es ist unklar, welcher Teil übereignet werden soll und welcher nicht.[6]

> **(P)** Ist die Übereignung eines mit der Bezeichnung eines bestimmten Raumes gekennzeichneten Warenlagers möglich, wenn nach der Parteivereinbarung all diejenigen Gegenstände von der Übereignung ausgenommen sein sollen, die der Sicherungsgeber selbst nur unter Eigentumsvorbehalt erworben hat?

→ (-), die von der Übereignung ausgenommenen Waren können nur unter Rückgriff auf Warenbücher, Rechnungen etc. ermittelt werden; es liegt ansonsten ein Verstoß gegen das Spezialitätsprinzip vor.[7]

---

[5] MüKo-*Oechsler*, Anhang zu §§ 929-936 Rn. 6.
[6] MüKo-*Oechsler*, Anhang zu §§ 929-936 Rn. 7.
[7] MüKo-*Oechsler*, Anhang zu §§ 929-936 Rn. 7.

Mobiliarsachenrecht Kompakt

d) Prinzip des Typenzwangs

Das **Prinzip des Typenzwangs** (auch **numerus clausus** des Sachenrechts genannt) besagt, dass die dinglichen Rechte im Gesetz abschließend normiert sind.

Im Wege der richterlichen Rechtsfortbildung wurden dennoch zwei neue Typen entwickelt: die **Sicherungsübereignung** und das **Anwartschaftsrecht**.[8]

e) Trennungsprinzip

Nach dem **Trennungsprinzip** wird rechtlich eine strenge Trennung zwischen dem zugrundeliegenden Kausal- bzw. Verpflichtungsgeschäft einerseits (z.B. Kaufvertrag) und dem Verfügungsgeschäft andererseits gemacht.

> Beispiel:
>
> *Der 15-jährige A kauft sich ohne Zustimmung seiner Eltern eine Playstation 4 und nimmt sie gleich mit nach Hause. Hier ist zwischen dem Kaufvertrag (§ 433 BGB) und dem Verfügungsgeschäft (Übereignung, § 929 S.1 BGB) zu unterscheiden.*

f) Abstraktionsprinzip

Das **Abstraktionsprinzip** bestimmt, dass Verfügungs- und Verpflichtungsgeschäft voneinander unabhängig sind und sich eine mögliche Unwirksamkeit des Verpflichtungsge-

---

[8] Diese Themen werden im Rahmen des Kurses „Kredit- und Sicherungsrechte" behandelt.

Mobiliarsachenrecht Kompakt

schäfts daher nicht auf die Wirksamkeit des Verfügungsgeschäfts auswirkt oder andersrum.

> Beispiel:
>
> A verkauft B ein Buch (§ 433 BGB). Gem. § 433 I 1 BGB obliegt A damit die schuldrechtliche Pflicht, B das Buch zu übereignen. Der Eigentumsübergang erfolgt allerdings erst mit Übereignung gem. § 929 S. 1 BGB. Die dingliche Übereignung ist wirksam, unabhängig davon, ob der Kaufvertrag wirksam ist. Sollte sich im Nachhinein der Kaufvertrag als nichtig herausstellen, kann A das Buch nicht gem. § 985 BGB herausverlangen, weil B rechtmäßig Eigentum an dem Buch erworben hat. Möglich bleibt eine Rückübereignung nur im Wege der Kondiktion gem. § 812 I 1 BGB. Hätte B das Buch schon weiterveräußert, hätte A einen Anspruch auf Wertersatz gem. §§ 812 I 1, 818 I, II (Wichtig: Hier läge kein Fall des § 816 I BGB vor, weil B als Berechtigter verfügt hat!).

Dennoch unterliegt auch das Abstraktionsprinzip Ausnahmen. Das Abstraktionsprinzip wird durchbrochen durch:

- **Akzessorische Sicherungsrechte** (z.B. Pfandrecht, § 1163 BGB; Hypothek, § 1153 BGB)

- **Bedingungszusammenhang** von Verpflichtungs- und Verfügungsgeschäft bei ausdrücklicher Vereinbarung (§ 158 BGB)

- **Fehleridentität**: Kausal- und Verfügungsgeschäft leiden an demselben Fehler

Tipp: Wenn die Klausuraufgabe lediglich auf „Prüfung der dinglichen Rechtslage" lautet, ist die Wirksamkeit des Verpflichtungsgeschäfts nicht relevant und darf nicht geprüft werden!

III. Grundbegriffe

In den §§ 90ff. BGB findet man die wichtigsten Grundbegriffe des Sachenrechts.

1. Sache, § 90 BGB

Sachen sind nach § 90 BGB BGB körperliche Gegenstände.

Gegenstand ist alles, was Objekt von Rechten sein kann.

Körperlich ist ein Gegenstand, wenn die Materie räumlich zutage tritt.[9]

(W) Auf den Aggregatszustand kommt es nicht an. Deshalb sind auch Wasser oder Gas Sachen i.S.d. § 90 BGB, da diese eingefüllt, bemessen und übergeben werden können.[10] Hingegen haben Elektrizität, das offene Meer und das Licht keine Sacheigenschaft. Es ist an ihnen kein Besitz und keine Übergabe möglich. Sie sind folglich nicht eigentumsfähig.[11]

(P) Ist eine Leiche eine Sache i.S.d. § 90 BGB?

- **e.A.:** (-), als Rückstand der Persönlichkeitsrechte des Verstorbenen seien Leichen nicht als Sachen i.S.d. § 90 BGB anzusehen.[12]

---

[9] *Wolf/Wellenhofer*, § 1 Rn. 17.
[10] *Prütting*, § 1 Rn. 3.
[11] *Prütting*, § 1 Rn. 3.
[12] *Prütting*, § 1 Rn. 7.

- a.A..: (+), denn im Falle des Ablebens greife die der Sacheigenschaft entgegenstehende Menschenwürde nicht mehr.[13]

Tiere sind gem. § 90a S. 1 BGB keine Sachen, allerdings wird das Sachenrecht gem. § 90a S. 3 BGB entsprechend angewendet, sodass sie rechtlich wie Sachen behandelt werden.

Den Begriff der Sache unterteilt man nochmals in **bewegliche** und **unbewegliche Sachen**.

Bewegliche Sachen sind alle Sachen, die nicht Grundstücke oder Bestandteile des Grundstückes sind (Mobilien).

Unbewegliche Sachen sind räumlich abgegrenzte, durch katastermäßige Vermessung genau bezeichnete Teile der Erdoberfläche, kurz: Grundstücke (Immobilien).[14]

2. Bestandteil, §§ 93 ff. BGB

Von einem **Bestandteil** spricht man, wenn eine Sache Teil einer anderen Sache ohne wirtschaftliche Selbstständigkeit ist.[15]

Wesentlich ist ein Bestandteil einer beweglichen Sache gem. § 93 BGB immer dann, wenn nach der Trennung die Sache nicht mehr in bisheriger Weise wirtschaftlich nutzbar ist.[16]

---

[13] *Prütting*, § 1 Rn. 7.
[14] *Wolf/Wellenhofer*, § 1 Rn. 18.
[15] *Lüke*, § 1 Rn. 16.
[16] *Lüke*, § 1 Rn. 16.

Gem. § 94 I BGB gehören zu den **wesentlichen Bestandteilen** eines **Grundstücks** insbesondere die Sachen, die fest mit Grund und Boden verankert sind (z.B. Haus, Bäume).

Zu den **wesentlichen Bestandteilen** eines **Gebäudes** - und damit zugleich wesentlichen Bestandteilen eines Grundstücks - gehören gem. § 94 II BGB die zur Herstellung des Gebäudes eingefügten Sachen.

Scheinbestandteile sind gem. § 95 I BGB diejenigen Sachen, die nur vorübergehenden Zwecken dienen.
Die spätere Trennung ist von Anfang an beabsichtigt. Sie sind folglich keine wesentlichen Bestandteile und bleiben somit selbständige bewegliche Sachen und sind damit sonderrechtsfähig.[17]

3. Das Zubehör, §§ 97, 98 BGB

Zubehör ist laut Legaldefinition der §§ 97, 98 BGB, was dem wirtschaftlichen Zweck der Hauptsache zu dienen bestimmt ist und mit dieser in einem dazu bestimmten räumlichen Verhältnis steht.

> Beispiel:
>
> *Die zum Betrieb bestimmten Maschinen und Gerätschaften bei einem Gebäude, das gewerblichen Zwecken dient (z.B. Fabrik).*

---

[17] *Wolf/Wellenhofer*, § 1 Rn. 25.

Mobiliarsachenrecht Kompakt

(W) Wenn Zubehör nur vorübergehend von der Hauptsache getrennt wird, gilt die Zubehöreigenschaft nicht als aufgehoben.

4. Früchte und Nutzungen, §§ 99, 100 BGB

Zu den **Früchten** einer Sache oder eines Rechts gehören nach § 99 I BGB die Erzeugnisse der Sache, die sonstige Ausbeute, die Erträge, welche bestimmungsgemäß aus der Sache oder aufgrund des Rechts gewonnen werden oder die durch ein Rechtsverhältnis von einer Sache oder einem Recht gewährt werden.

Zu den **Nutzungen** gehören nach § 100 BGB die Früchte einer Sache oder eines Rechts und die entsprechenden Vorteile, die sich durch den Gebrauch einer Sache oder eines Rechts ergeben ohne die Sache aufzubrauchen.

5. Sachgesamtheiten

Sachgesamtheiten sind die Mehrheit von Einzelsachen, die im Verkehr wegen ihres gemeinsamen Zwecks als Ganzes angesehen werden.[18]

> Beispiele: *Kaffeeservice, Münzsammlung, Warenlager*

Rechtsfolge von Sachgesamtheiten ist, dass schuldrechtlich der Verkauf einer Sachgesamtheit vereinbart werden kann, aber eine Übereignung der Einzelsachen erforderlich ist (s. **Spezialitätsgrundsatz**).[19]

---

[18] *Vieweg/Werner*, § 10 Rn. 10.
[19] *Vieweg/Werner*, § 10 Rn. 10.

Anders ist dies ausnahmsweise nur beim sog. „**Sachinbegriff**", bei dem nur die Gesamtheit eine wirtschaftliche Bedeutung haben kann.[20]

> Beispiele: *Sack Mehl, Bienenschwarm*

6. Verfügung

Eine **Verfügung** ist ein dingliches Rechtsgeschäft. Dieses wirkt auf ein Recht unmittelbar durch dessen Übertragung, Belastung, inhaltlichen Änderung oder Aufhebung ein.

---

[20] Blümich-*Schallmoser*, § 21 EStG Rn. 453.

Der Besitz

§§ 854 - 872 lesen

III. Der Besitz

1. Begriff und Inhalt

Unter **Besitz** versteht man die tatsächliche Herrschaftsmacht über eine Sache, die von einem Beherrschungswillen getragen wird.[21]

> Beispiel:
>
> *A kauft bei Mediamarkt einen Fernseher und nimmt ihn mit nach Hause. Damit ist er Besitzer des Fernsehers, da er die tatsächliche Sachherrschaft innehat und ihn besitzen will.*

Seiner Rechtsnatur nach ist der Besitz auch kein Recht, sondern nur eine **tatsächliche Einwirkungsmacht**.[22]

Der Besitz hat bei beweglichen Sachen eine **Publizitätsfunktion**, denn die tatsächliche Sachherrschaft ist nach außen sichtbar und gilt als Indiz für ein Bestehen von Rechten, vgl. § 1006 I 1 BGB.

2. Formen des Besitzes

Man unterscheidet zwischen folgenden Formen des Besitzes:

---

[21] *Wolf/Wellenhofer*, § 4 Rn. 1.
[22] *Prütting*, § 6 Rn. 44.

a) Unmittelbarer Besitz, § 854 BGB

Unmittelbarer Besitz i.S.v. § 854 I BGB ist die tatsächliche Sachherrschaft über eine Sache. Voraussetzung dabei ist die tatsächliche Gewalt über die Sache sowie ein erkennbarer Besitzwillen. Geschäftsfähigkeit ist dafür nicht notwendig

Mobiliarsachenrecht Kompakt

Unmittelbarer Besitz, § 854 BGB
1. Gewalt über eine Sache   2. Besitzwillen

b) Mittelbarer Besitz, § 868 BGB

Anders als beim **unmittelbaren Besitz**, hat der **mittelbarer Besitzer** keine direkte Beziehung zur Sache, d.h. er kann nicht unmittelbar auf sie zugreifen. Ihm ist ein unmittelbarer Besitzer (sog. **Besitzmittler**) vorgeschaltet, der die tatsächliche Sachherrschaft innehat. Dennoch stehen ihm gewisse Rechte zu, die sich aus dem **mittelbaren Besitz** ableiten. Dabei kommt als **Besitzmittlungsverhältnis** i.S.d. § 868 BGB jedes Rechtsverhältnis in Betracht, aufgrund dessen dem Besitzmittler konkret bestimmte Sorgfalts- und Herausgabepflichten hinsichtlich der Sache obliegen.[23]

Beispiel:

Mietvertrag: Der Vermieter übt zwar keine unmittelbare Sachherrschaft aus, hat dennoch gewisse Einflussmöglichkeiten (Besichtigungsrecht, Abwehransprüche bei Beschädigung, etc.). Er ist folglich mittelbarer Besitzer.

Der Besitzmittler muss als **Unterbesitzer** den mittelbaren Besitzer als **Oberbesitzer** mit stärkerer Rechtsstellung anerkennen.[24]

---

[23] *Prütting*, § 10 Rn. 81.
[24] *Wolf/Wellenhofer*, § 4 Rn. 26.

Mobiliarsachenrecht Kompakt

Besitzmittlungsverhältnis gem. § 868 BGB

1. Rechtsverhältnis i.S.d. § 868
2. Besitzmittlungswille
3. Herausgabeanspruch des mittelbaren Besitzers gegen den unmittelbaren Besitzer

---

Mittelbarer Besitz, § 868 BGB

1. Besitzmittlungsverhältnis
2. Fremdbesitzwille des unmittelbaren Besitzers
3. Bestehender Herausgabeanspruch des mittelbaren Besitzers (z.B aus §§ 546, 695, 985 BGB)

Das Gesetz kennt auch einen **mehrstufigen mittelbaren Besitz**. In diesem Fall steht der mittelbare Besitzer zu einem Dritten in einem Verhältnis der in § 868 bezeichneten Art, vgl. § 871 BGB. Der Dritte ist dann ebenso mittelbarer Besitzer.

c) Besitzdienerschaft, § 855 BGB

Eine Sonderform des unmittelbaren Besitzers ist der sog. **Besitzdiener** nach § 855 BGB. Dieser hat trotz tatsächlicher Sachherrschaft keinen Besitz an der Sache, sondern übt im Rahmen eines **sozialen Abhängigkeitsverhältnisses** für den anderen den Besitz aus, ohne dass Letzterer den Besitz verliert.[25]

Für das soziale Abhängigkeitsverhältnis genügt ein tatsächliches Weisungs- und Unterordnungsverhältnis (z.B. Arbeitsvertrag).

Besitzdienerschaft, § 855 BGB
1. Soziales Abhängigkeitsverhältnis
2. das nach außen erkennbar ist
3. Ausübung der tatsächlichen Sachherrschaft
4. Unterordnungswillen
→ ansonsten verbotene Eigenmacht

d) Eigenbesitz und Fremdbesitz

Eigenbesitzer ist, wer die Sache als ihm selbst gehörig besitzt.

Beispiel: *A ist Besitzer und zugleich Eigentümer des Buches*

Fremdbesitzer ist, wer eine Sache für einen anderen besitzt.

Beispiel: *Mieter einer Wohnung*

---

[25] *Lüke*, § 2 Rn. 71.

e) Alleinbesitz, Mitbesitz (§ 866 BGB) und Teilbesitz (§ 865 BGB)

Alleinbesitzer ist, wer die Sache für sich alleine besitzt. Wenn mehrere Personen eine Sache derart besitzen, dass jeder nur einen abgegrenzten Teil davon für sich besitzt, liegt gem. § 865 BGB **Teilbesitz** vor. Jeder genießt für seinen Teilbesitz eigenständig den Besitzschutz der §§ 858ff. BGB.

Mitbesitz liegt gem. § 866 BGB dagegen vor, wenn mehrere Personen die Sache besitzen, also jeder die ganze Sache besitzt. Können mehrere die Sache nur zusammen gemeinschaftlich benutzen, so spricht man von einem **gesamthänderischen Mitbesitz** ansonsten vom **einfachen Mitbesitz**.[26]

f) Berechtigter und unberechtigter Besitz

Berechtigter Besitzer ist derjenige, der ein Recht zum Besitz hat. **Unberechtigter Besitzer** ist im Umkehrschluss derjenige, der kein Recht zum Besitz hat.

> Beispiel: *Der Dieb*

Anders als der unberechtigte Besitz wird der berechtigte Besitz gleich einem Recht geschützt; so gilt das Recht zum Besitz nach h.M. als „sonstiges Recht" i.S.d. § 823 I BGB.

g) Abgrenzung zum Gewahrsam

Der Besitz ist abzugrenzen vom strafrechtlichen Begriff des Gewahrsams. Unter **Gewahrsam** versteht man jede tatsäch-

---

[26] *Wolf/Wellenhofer*, § 4 Rn. 15.

Mobiliarsachenrecht Kompakt

liche, von einem Herrschaftswillen getragene Herrschaftsgewalt über eine Sache.

Zwar korrespondieren beide Begriffe überwiegend miteinander, deutlich wird der Unterschied aber im Bereich von mittelbaren Besitz und Besitzdienerschaft: Der mittelbare Besitzer (§ 868 BGB) hat zwar Besitz, nicht aber Gewahrsam, der Besitzdiener (§ 855 BGB) dagegen hat keinen Besitz, aber Gewahrsam an der Sache. Ferner ist der Besitz vererblich (vgl. § 857 BGB) der Gewahrsam dagegen nicht.

2. Erwerb und Verlust des Besitzes

Bei Erwerb und Verlust des Besitzes muss zwischen dem unmittelbaren und dem mittelbaren Besitz unterschieden werden.

a) Unmittelbarer Besitz

Der Erwerb des unmittelbaren Besitzes setzt voraus,
- dass man die **tatsächliche Sachherrschaft** erlangt und
- man einen nach außen erkennbaren **Besitzerwerbswillen** hat.

Unter der **tatsächlichen Sachherrschaft** versteht man eine räumliche Beziehung zur Sache, welche es möglich macht, jederzeit auf die Sache einzuwirken.[27]

Für den **Besitzerwerbswillen** reicht der natürliche Wille aus. Das heißt es bedarf nicht der Qualität eines rechtsgeschäftlichen Willens, sodass auch Kinder und Geschäftsunfähige

---

[27] MüKo-*Joost*, § 854 Rn. 3.

Mobiliarsachenrecht Kompakt

wirksam Besitz erwerben können.[28] Dies gilt sowohl für den **Besitzverschaffungswillen** als auch für den **Besitzüberlassungswillen**.[29]

In den Fällen in denen der Erwerber bereits die **tatsächliche Sachherrschaft** ausüben kann, genügt allein die Einigung mit dem bisherigen Besitzers. Letzterer muss aber seine tatsächliche Gewalt über die Sache aufgeben.

Der Verlust des unmittelbaren Besitzes tritt gem. § 856 I BGB ein, - wenn der Besitzer die tatsächliche Sachherrschaft unfreiwillig nicht mehr ausüben kann oder - wenn er freiwillig die Sachherrschaft nicht mehr ausüben will.

Dies gilt nicht, wenn er nur vorübergehend in der Besitzausübung verhindert ist, § 856 II BGB.

(B) Besitzerwerb des Erben, § 857 BGB

Eine Ausnahme zum Erfordernis der tatsächlichen Sachherrschaft macht § 857 BGB. Danach gilt im Erbfall automatisch der Erbe als unmittelbarer Besitzer des beim Erblasser bestehenden Besitzes. Irrelevant dabei ist, ob er weit weg wohnt, die tatsächliche Sachherrschaft ausüben kann oder will und ob er überhaupt Kenntnis vom Erbfall hat.[30] Zweck dieser Vorschrift ist der Schutz des Erben, damit er sich gegen verbotene Eigenmacht oder unfreiwilligen Besitzverlust wehren kann.[31]

---

[28] *Wolf/Wellenhofer*, § 4 Rn. 9.
[29] *Wolf/Wellenhofer*, § 4 Rn. 9.
[30] *Prütting*, § 10 Rn. 78.
[31] *Wolf/Wellenhofer*, § 4 Rn. 11.

Mobiliarsachenrecht Kompakt

b) Mittelbarer Besitz

Den mittelbaren Besitz erwirbt man
- durch Schaffung eines Besitzmittlungsverhältnisses gem. § 868 BGB oder
- durch Abtretung des Herausgabeanspruchs gegen den Besitzmittler, § 870 BGB.

Der Verlust des mittelbaren Besitzes erfolgt,
- wenn die Beteiligten das Besitzmittlungsverhältnis beenden und der Besitzmittler die Sache an den mittelbaren Besitzer zurückgibt, oder
- wenn der Besitzmittler keinen Fremdbesitzungswillen mehr hat, oder
- wenn der mittelbare Besitzer seinen Herausgabeanspruch nach § 870 auf einen anderen überträgt.

3. Besitzschutz

a) Übersicht

Der Besitz wird durch verschiedene Rechte und Ansprüche geschützt.
Man unterscheidet dabei zwischen:

- den **Gewaltrechten** aus §§ 859, 860 BGB, die der Selbsthilfe gegenüber Dritten, die den Besitz entziehen oder stören wollen, dient

- den **possessorischen Ansprüchen** aus §§ 861, 862, 867 BGB, die dem Besitzer bei Besitzentziehung oder Besitzstörung das Recht verleihen, die Wiederherstellung der rechtmäßigen Besitzverhältnisse wiederherzustellen

- den **petitorischen Herausgabeansprüchen** aus §§ 1007 I, II BGB und

- den **deliktischen Schutz** nach § 823ff. BGB

b) Die Gewaltrechte der §§ 859, 860 BGB

Nach § 859 I BGB darf sich der unmittelbare Besitzer gegen **verbotene Eigenmacht** wehren (sog. **Besitzwehr**).
Abs. 2 regelt den konkreten Fall des Diebstahls, Abs. 3 hingegen bezieht sich auf Besitzwehr von Grundstücken.

Verbotene Eigenmacht ist legaldefiniert in § 858 I BGB als *„wer dem Besitzer ohne dessen Willen den Besitz entzieht oder ihn im Besitz stört, handelt, sofern nicht das Gesetz die Entziehung oder Störung gestattet, widerrechtlich"*.
Eine **gesetzliche Gestattung** kann sich insbesondere aus folgenden Vorschriften ergeben:

- § 227 BGB – Notwehr
- § 229 BGB – Selbsthilfe
- § 562b BGB – Selbsthilferecht des Vermieters
- § 859 BGB – Selbsthilfe des Besitzers
- § 860 BGB – Selbsthilfe des Besitzdieners
- § 904 BGB – Notstand
- § 910 BGB – Überhang
- § 962 BGB – Verfolgungsrecht des Eigentümers
- §§ 808 ff. ZPO – Zwangsvollstreckung in körperliche Sachen

Den durch verbotene Eigemacht erlangten Besitz nennt man gem. § 858 II 1 BGB „**fehlerhaften Besitz**".

Mobiliarsachenrecht Kompakt

> Der Besitzer gibt infolge arglistiger Täuschung eine Sache heraus – verbotene Eigenmacht?

→ (-), denn er hat den tatsächlichen Willen zur Herausgabe und zum Besitzverlust.

Auf **frischer Tat betroffen** ist derjenige, der unmittelbar bei oder alsbald nach der Entziehung angetroffen wird.
Von **Verfolgung auf frischer Tat** geht man aus, wenn die Tat unmittelbar bei oder alsbald nach Begehung entdeckt wird und die Verfolgung begonnen hat, nachdem notwendige Vorbereitungen eingeleitet wurden.

Die Verhältnismäßigkeit der Gewaltanwendung wird allgemein als ungeschriebenes Tatbestandsmerkmal des § 859 BGB anerkannt.[32] Dabei müssen Art und Ausmaß der Gewalt in einem angemessenen Verhältnis zum verteidigenden Rechtsgut stehen.

(W) Bei der **Besitzwehr** handelt es sich um eine besondere Form der Notwehr und dient folglich auch als strafrechtlicher Rechtfertigungsgrund

> Beispiel:
>
> *A will der B die Tasche rauben. Um A in die Flucht zu schlagen, greift B nach dem Schirm ihrer Freundin C. Diese will jedoch nicht, dass ihr neuer schicker Schirm von B kaputtgemacht wird und nimmt daher B diesen mit Gewaltanwendung durch starkes Schubsen weg. Daraufhin fällt B zu Boden und bricht sich das Handgelenk. Im Folgenden verlangt B von C den Ersatz der Arztkosten. Zu Recht?*

---

[32] *Wolf/Wellenhofer*, § 5 Rn. 7.

Mobiliarsachenrecht Kompakt

B könnte gegen C einen Schadensersatzanspruch aus § 823 I BGB haben, indem diese sie zu Boden schubste und B einen Handgelenksbruch erlitt, welcher ärztlich behandelt werden musste.

    I. Der Körper der B wurde durch das Schubsen der C kausal verletzt.

    II. Fraglich ist, ob das Schubsen der C gem. § 859 I BGB gerechtfertigt ist.

        a) C ist unmittelbare Besitzerin des Schirms

        b) Es müsste verbotene Eigenmacht vorliegen, § 858 BGB. Der Besitz am Schirm wurde gegen den Willen der C von B entzogen. Fraglich ist jedoch, ob die Besitzentziehung von Gesetz her gestattet war. In diesem Fall würde verbotene Eigenmacht ausgeschlossen sein, vgl. § 858 I BGB. Hier kann sich B auf den Rechtfertigungsgrund des § 904 S. 1 BGB stützen. B wollte mit dem Schirm den Angriff des A abwehren, sodass C die Einwirkung der B auf ihren Schirm dulden musste. C drohte ferner kein verhältnismäßig großer Schaden. Folglich lag in der Entziehung des Schirms keine verbotene Eigenmacht. Mithin kann sich C nicht auf den Rechtfertigungsgrund des § 859 I BGB berufen.

    III. C handelte ebenso schuldhaft.

Anspruch aus § 823 I BGB (+)

Mobiliarsachenrecht Kompakt

Besitzwehr, § 859 II BGB 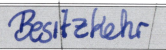
1. Vorheriger unmittelbarer Besitz / Vorherige Besitzdienerschaft, § 860 BGB
2. Verbotene Eigenmacht
3. Auf frischer Tat betroffen oder auf frischer Tat verfolgt
4. Verhältnismäßigkeit der Gewaltanwendung

c) Die possessorischen Ansprüche aus §§ 861, 862 BGB

Die §§ 861, 862 BGB bilden selten den Kerngegenstand einer Klausur, sind aber häufig als „Nebenansprüche", insbesondere neben Ansprüchen aus dem EBV, zu prüfen.

aa) Der Herausgabeanspruch aus § 861 BGB

Anders als § 859 BGB handelt es sich bei § 861 BGB um eine Anspruchsgrundlage. Er gibt dem Besitzer, dem der Besitz durch **verbotene Eigenmacht** entzogen wurde, einen **possessorischen Anspruch** auf Wiedereinräumung des Besitzes.

Herausgabeanspruch aus § 861 BGB
1. Besitzentzug beim Anspruchssteller
2. Verbotene Eigemacht, § 858 BGB
3. Fehlerhafter Besitz des Anspruchsgegners

Mobiliarsachenrecht Kompakt

---

4. Kein Ausschluss des Anspruchs nach § 861 II BGB

5. Kein Erlöschen des Anspruchs nach § 864 BGB

---

(1) Besitzentzug beim Anspruchsteller

Besitzentzug setzt voraus, dass der vorherige Besitzer die tatsächliche Sachherrschaft i.S.d. § 854 BGB verloren hat.

Anspruchsteller kann jede Form von Besitzer sein. Beim mittelbaren Besitzer ist jedoch § 869 S. 2 HS. 1 BGB zu beachten, wonach der mittelbare Besitzer primär nur die Wiedereinräumung des Besitzes an den bisherigen unmittelbaren Besitzer fordern kann. Lediglich wenn Letzterer den Besitz nicht übernehmen kann oder will, kann der mittelbare Besitzer den Besitz selbst verlangen, § 869 S. 2 HS. 2.

(2) Fehlerhafter Besitz des Anspruchsgegners

Der Anspruchsgegner muss **fehlerhaft besitzen**. Wer fehlerhaft besitzt, ist in § 858 II BGB geregelt:

- Der Anspruchsgegner hat Besitz durch **verbotene Eigenmacht** erlangt
- Der Anspruchsgegner ist **Gesamtrechtsnachfolger** eines Erblassers, der zuvor fehlerhaft besaß
- Der Anspruchsgegner ist **Besitznachfolger** und hatte positive Kenntnis betreffend der Fehlerhaftigkeit des Besitzes des Vorgängers bei Besitzerwerb

Mobiliarsachenrecht Kompakt

> Beispiel:
>
> *Der Hehler kauft dem Dieb die teure Handtasche ab mit dem Wissen, dass Letzterer sie der früheren Besitzerin gegen deren Willen gestohlen hat.*

(3) Kein Ausschluss oder erlöschen des Anspruchs

Der Anspruch ist gem. § 861 II BGB ausgeschlossen, wenn der Anspruchssteller als Besitzer dem Störer gegenüber fehlerhaft besaß und der Besitz in dem letzten Jahr vor der Störung erlangt worden ist.

> Beispiel:
>
> *Der Besitzer der den Besitz mittels verbotener Eigenmacht erlangt hat, reagiert auf den Besitzentzug mit verbotener Eigemacht.*

Ferner erlischt der Anspruch aus § 861 I BGB gem. § 864 I BGB mit Ablauf eines Jahres nach Verübung der verbotenen Eigenmacht, wenn nicht vorher der Anspruch mittels Klage geltend gemacht wurde. Denn wer ein Jahr verstreichen lässt, scheint keinen Wert darauf zu legen, die früheren Besitzverhältnisse wieder herzustellen und ist daher nicht mehr schutzwürdig.[33]

Ebenso erlischt der Anspruch gem. § 864 II BGB, wenn durch rechtskräftiges Urteil festgestellt wird, dass dem Täter ein Recht an der Sache zusteht.

---

[33] *Wolf/Wellenhofer*, § 5 Rn. 12.

bb) Anspruch wegen Besitzstörung, § 862 BGB

Anders als in § 861 BGB, bei dem es um die Herausgabe des Besitzes nach Besitzentziehung geht, regelt § 862 BGB die Besitzstörung.

Unter **Besitzstörung** versteht man die Verhinderung der Ausübung der Herrschaft über eine Sache.

> Beispiel: *Zuparken einer Ausfahrt*

Anspruchsziel ist dabei entweder die **Beseitigung der Störung** (§ 862 I 1 BGB) oder die **Unterlassung** derselben (§ 862 I 2 BGB).

Der Anspruch ist gem. § 862 II BGB allerdings ausgeschlossen, wenn der Anspruchssteller als Besitzer dem Störer oder dessen Rechtsvorgänger gegenüber fehlerhaft besaß und der Besitz in dem letzten Jahr vor der Störung erlangt worden ist.

Ebenso erlischt der Anspruch aus § 862 I BGB gem. § 864 BGB mit Ablauf eines Jahres nach Verübung der verbotenen Eigenmacht, wenn nicht vorher der Anspruch mittels Klage geltend gemacht wurde oder wenn durch rechtskräftiges Urteil festgestellt wird, dass dem Täter ein Recht an der Sache zusteht.

Besitzstörung, § 862 I BGB
1. Störung des Besitzes 2. Verbotene Eigenmacht, § 858 BGB

Mobiliarsachenrecht Kompakt

---
3. Fehlerhafter Besitz beim Anspruchsgegner

4. Kein Ausschluss des Anspruchs nach § 862 II BGB

5. Kein Erlöschen des Anspruchs nach § 864 BGB

---

cc) Einwendungen des Entziehers oder Störers, § 863 BGB

Gem. § 863 BGB kann der Entzieher oder Störer gegenüber den in den §§ 861, 862 BGB bestimmten Ansprüchen ein Recht zum Besitz oder zur Vornahme der störenden Handlung nur zur Begründung der Behauptung geltend machen, dass die Entziehung oder die Störung des Besitzes nicht verbotene Eigenmacht sei.

d) Schutz des gutgläubigen Besitzers, § 1007 BGB

§ 1007 BGB sieht zwei zusätzliche Herausgabeansprüche vor.

§ 1007 I BGB steht dem berechtigten sowie gutgläubigen Besitzer, also der, der meint, eine Berechtigung zum Besitz zu haben, ohne dass er grob fahrlässig gehandelt hat (§ 932 II BGB), gegen den bösgläubigen Besitzer zu.[34] Der Anspruchsinhaber kann dabei unmittelbarer oder mittelbarer sowie Eigen- oder Fremdbesitzer sein.[35]

---

[34] *Wolf/Wellenhofer*, § 5 Rn. 17.
[35] MüKo-*Baldus*, § 1007 Rn. 23.

Herausgabeanspruch aus § 1007 I BGB

1. Anspruchssteller = Ehemaliger Besitzer
2. Anspruchsgegner = Aktueller Besitzer
3. Bösgläubigkeit des Anspruchsgegners
4. Kein Ausschluss nach § 1007 III 1

Ist die Sache allerdings abhandengekommen, kann sich der berechtigte Besitzer gem. § 1007 II BGB auch gegen den gutgläubigen Besitzer wenden.

Herausgabeanspruch aus § 1007 II BGB

1. Anspruchssteller = Ehemaliger Besitzer
2. Anspruchsgegner = Aktueller Besitzer
3. Abhandenkommende Sache
4. Kein Ausschluss nach § 1007 III 1

Ausgeschlossen ist der Anspruch gem. § 1007 III 1 BGB dann, wenn der Anspruchssteller seinerseits bei Besitzerwerb nichtberechtigt und bösgläubig war, der Kläger den Besitz freiwillig aufgegeben hat oder der Besitzer ein Besitzrecht hat.

(W) Gem. § 1007 III 2 BGB können neben diesem Herausgabeanspruch die Ansprüche aus §§ 987ff. BGB (s.u.) geltend gemacht werden.

e) Besitzschutz durch Deliktsrecht

Das Recht zum Besitz wird nach h.M. als „sonstiges Recht" i.S.d. § 823 I BGB eingeordnet und unterliegt folglich seinem Schutz.[36]

Zudem wird der Besitz über § 823 II BGB geschützt, weil §§ 858ff. BGB Schutzgesetze sind.[37]

---

[36] *Vieweg/Werner*, § 2 Rn. 70.
[37] *Lüke*, § 2 Rn. 116.

Mobiliarsachenrecht Kompakt

Das Eigentum

IV. Das Eigentum

§§ 929 - 936

1. Begriff und Inhalt

lesen

Das **Eigentum** ist das wohl wichtigste dingliche Recht im Sachenrecht.

Gem. § 903 BGB kann der Eigentümer seine Sache nach Belieben gebrauchen. Er hat folglich i.d.R. eine umfassende **Generalerlaubnis** für alle möglichen Verwendungsmöglichkeiten (z.B. Verkauf, Schenkung).[38]

Ergänzt wird diese Generalerlaubnis durch die sog. **Ausschließungsbefugnis**. Diese gewährleistet dem Eigentümer Dritte von jeglicher Einwirkung auf die Sache auszuschließen.[39]

Beim Eigentum handelt es sich gem. Art. 14 GG ebenfalls um ein verfassungsrechtlich geschütztes Rechtsgut. Der Unterschied zwischen § 903 BGB und Art. 14 GG liegt darin, dass § 903 BGB zwischen Privatpersonen und Art. 14 im Staat-Bürger-Verhältnis das Eigentum gewährleistet.

2. Formen des Eigentums

Man unterscheidet im Mobiliarsachenrecht zwischen:

---

[38] *Wolf/Wellenhofer*, § 2 Rn. 3.
[39] MüKo-*Säcker*, § 903 Rn. 8.

Mobiliarsachenrecht Kompakt

- Alleineigentum
- Miteigentum nach Bruchteilen
- Gesamthandeigentum
- Treuhandeigentum

a) Alleineigentum

Bei dem **Alleineigentum** an einer Sache steht das subjektive Eigentumsrecht einem einzigen Berechtigten (sog. Alleineigentümer) zu.[40]

b) Miteigentum nach Bruchteilen, §§ 1008ff. BGB

Beim **Miteigentum** steht jedem Miteigentümer quotenmäßig ein bestimmter Bruchteil an der Sache zu.[41]

> Beispiel:
>
> *Das neureiche Ehepaar M und F kauft sich ein schickes Cabriolet, um bei ihren Freunden angeben zu können. Beide tragen gleichermaßen finanziell bei und das Auto soll nach übereinstimmenden Willen auch beiden gleichermaßen gehören. Folglich entsteht an dem Auto Miteigentum.*

Schuldrechtlich gesehen handelt es sich beim Miteigentum um eine **Gemeinschaft nach Bruchteilen** gem. §§ 741 ff. BGB; sachenrechtlich ergänzende Vorschriften finden sich in den §§ 1008 ff. BGB.[42]
Bei dieser Form des Eigentums kann jeder Miteigentümer unabhängig von den anderen über seinen Bruchteil verfü-

---

[40] *Vieweg/Werner*, § 3 Rn. 8.
[41] *Wolf/Wellenhofer*, § 2 Rn. 7.
[42] *Vieweg/Werner*, § 3 Rn. 9.

gen. Soll aber über die ganze Sache verfügt werden, können das alle Miteigentümer nur gemeinschaftlich, § 747 I 2 BGB. Jedoch kann jeder Miteigentümer die Eigentumsrechte hinsichtlich der ganzen Sache grds. alleine geltend machen.[43] Eine Ausnahme gilt allerdings bezüglich der Herausgabe der Sache, die alle nur gemeinschaftlich fordern können, §§ 1011, 432 BGB.

c) Gesamthandseigentum

Beim **Gesamthandseigentum** steht die Sache mehreren Personen gemeinsam zu, allerdings kann der einzelne Gesamthandseigentümer, im Gegensatz zum Eigentum nach Bruchteilen, nicht über seinen Anteil an der einzelnen Sache selbstständig verfügen (z.B. § 719 I BGB beim Gesellschaftsvermögen).[44]

d) Wohnungseigentum

Nach dem BGB kann kein Eigentum an einer bestimmten Wohnung in einem Gebäude begründet werden, da es sich um einen wesentlichen Bestandteil des Hauses handelt, der eben nicht Gegenstand besonderer Rechte sein kann (s.o). Für diese Fälle schafft das sog. **Wohnungseigentum** Abhilfe.

Wohnungseigentum vermittelt Sondereigentum an der Wohnung i.V.m. Miteigentum an einem Grundstück, vgl. §§ 1, 5 WEG.

---

[43] *Lüke*, § 3 Rn. 139.
[44] *Wolf/Wellenhofer*, § 3 Rn. 9.

e) Teileigentum

Nicht zu Wohnzwecken dienende Räume (z.B. der Waschraum im Keller) stehen im **Teileigentum**.

Der Unterschied zwischen Wohnungseigentum und Teileigentum liegt folglich in der durch die vom teilenden Eigentümer ausgestellten Teilungserklärung bzw. der dieser angeschlossenen Gemeinschaftsordnung oder von den Miteigentümern durch Vereinbarung getroffene Zweckbestimmung und durch die bauliche Ausgestaltung der betroffenen Räume.[45]

3. Erwerb des Eigentums

a) Einführung

Eigentum an beweglichen Sachen kann man sowohl durch Rechtsgeschäft als auch durch Gesetz erwerben.[46]

b) Der rechtsgeschäftliche Eigentumserwerb von beweglichen Sachen

Der Eigentumserwerb an beweglichen Sachen ist in den §§ 929ff. BGB geregelt. Voraussetzung für die Übereignung von Eigentum ist grds. die Übergabe (sog. **Traditionsprinzip**), vgl. § 929 S. 1 BGB. In den anderen Übereignungsformen der §§ 929 S. 2, 930, 931 BGB wird diese Voraussetzung allerdings durch sog. **Übergabesurrogate** ersetzt.

---

[45] *Lüke*, § 3 Rn. 142.
[46] Für die Übertragung von Immobilien sieht das Gesetz weitere Vorschriften vor.

Mobiliarsachenrecht Kompakt

§ 929 S.1 BGB	§ 929 S. 2 BGB	§§ 929, 930 BGB	§§ 929, 931 BGB
Einigung + Übergabe	Einigung + schon vorhandener Besitz bei Erwerber	Einigung + Vereinbarung eines BMV	Einigung + Abtretung des Herausgabeanspruchs
A übergibt und übereignet B sein Moped.	B hatte sich das Moped von A geliehen und war in dessen Besitz. A hat in dieser Zeit gemerkt, dass er lieber ein Auto kaufen möchte und übereignet B daher das Moped.	Oma O gehört eine Wohnung, in der sie auch wohnt. Um ihr Erbe frühzeitig zu verteilen, übereignet sie ihrem Enkel die Wohnung mit dem Zusatz, weiterhin als Mieterin darin wohnen zu können.	O vermietet eine ihr gehörende Wohnung an den A. Um ihr Erbe frühzeitig zu verteilen, übereignet sie die Wohnung an E, indem sie ihren Herausgabeanspruch aus § 546 I BGB gegen A an ihn abtritt.

Mobiliarsachenrecht Kompakt

aa) Die Übereignung gem. § 929 S. 1 BGB

Die Übereignung gem. § 929 S. 1 BGB

1. Einigung
2. Übergabe
3. Einigsein bei Übergabe
4. Berechtigung

(1) Einigung

Unter einer **Einigung** versteht man einen dinglichen Verfügungsvertrag, der aus zwei korrespondierenden Willenserklärungen besteht.[47]

Da es sich bei den Einigungserklärungen um Willenserklärungen handelt, sind die allgemeinen Vorschriften des BGB (z.B. §§ 104ff., 119ff., 164ff. BGB) anwendbar.[48]

Beispiel:

A kauft von B ein schickes Sofa zum Preis von 3000 €. B bietet ihm eine Ratenzahlung an behält sich aber bis zur vollständigen Kaufpreiszahlung das Eigentum vor. Lediglich den Besitz will er dem A überlassen.

Beim rechtsgeschäftlichen Erwerb von Sachen ist zu beachten, dass nicht jeder Mangel des schuldrechtlichen Geschäfts, bzw. der sich darauf beziehenden Willenserklärung,

---

[47] *Wolf/Wellenhofer*, § 7 Rn. 4.
[48] *Lüke*, § 4 Rn. 169.

Mobiliarsachenrecht Kompakt

sich auch auf die dingliche Einigung auswirkt (s. Abstraktionsprinzip).

Eine Ausnahme davon wird bei der sog. **Fehleridentität** gemacht. Diese liegt vor, wenn derselbe Fehler gleichermaßen das Verpflichtungs- als auch das Verfügungsgeschäft betrifft. In diesem Fall können beide Geschäfte nichtig sein.

(2) Übergabe

Die **Übergabe** ist eine beiderseitig gewollte Übertragung des Besitzes vom Veräußerer auf den Erwerber.[49]

Übergabe i.S.d. § 929 S. 1 BGB

1. Irgendein Besitzerwerb auf Erwerberseite
2. Vollständige Besitzaufgabe des Veräußerers
3. Auf Veranlassung des Veräußerers

Beispiel:

A und B einigen sich über die Übereignung eines Kinderspielzelts für den Garten. Durch einen Sturm fliegt das Zelt auf das Grundstück des B. Eine natürliche Einwirkung reicht für die Übergabe jedoch nicht aus, weil sie nicht auf Veranlassung des A erfolgte. Folglich liegt keine Übergabe vor.

---

[49] *Wolf/Wellenhofer*, § 7 Rn. 7.

Mobiliarsachenrecht Kompakt

Allerdings müssen beide Seiten bei der Übergabe nicht persönlich mitwirken, sondern können sich **Hilfspersonen** bedienen (z.B. Besitzdiener, § 855 BGB, Besitzmittler, § 868 BGB oder Geheißperson).

> Beispiel:
>
> *A bestellt im Elektromarkt des B ein neues iPhone und sagt, dass man es bitte seiner Mutter (M) liefern sollte. M ist bei der Übergabe damit Geheißperson auf Erwerberseite.*

> **(P)** Ersetzt die Übergabe des Fahrzeugbriefs die Übergabe des Wagens?

→ (-), der KfZ-Brief ist kein Traditionspapier, sodass eine Eintragung keine unmittelbaren Auswirkungen auf die Eigentumsverhältnisse hat.[50] Allerdings wird ein konkludenter Eigentumsvorbehalt darin gesehen, dass der Verkäufer dem Käufer das Fahrzeug übergibt, den Fahrzeugbrief jedoch vorerst behält.[51]

(3) Das Einigsein

Zum Zeitpunkt der Übergabe muss die Einigung noch wirksam sein.

Dieser Punkt ist bei gleichzeitiger Einigung und Übergabe grds. unproblematisch. Problematisch wird es nur bei einer zeitlichen Zäsur zwischen Einigung und Übergabe.

---

[50] lesenwert: BGH NJW 1978, 1845; BGH NJW 1991, 353.
[51] *Wolf/Wellenhofer*, § 7 Rn. 7.

Mobiliarsachenrecht Kompakt

> Beispiel:
>
> *A hat B 20 Kästen Wein verkauft. Dabei wurde kein Eigentumsvorbehalt vereinbart. Eine Einigung hinsichtlich der Übereignung fand bereits statt. Bei Lieferung (=Übergabe) der Weinkästen wird dem B jedoch ein Lieferschein vorgelegt, auf dem A nun doch ein Eigentumsvorbehalt erklärt. Die Übereignung scheitert, wenn B sich nicht mit dem Eigentumsvorbehalt einverstanden erklären würde.*

(4) Berechtigung

Der Veräußerer muss zur Übereignung berechtigt sein.

Grds. ist der Berechtigte der Eigentümer der Sache. Ausnahmsweise kann jedoch diesem die Verfügungsberechtigung fehlen. Dies betrifft insbesondere folgende Fälle:

- **Eigentumsvorbehalt**: Hat der Eigentümer die Sache unter Eigentumsvorbehalt veräußert, bleibt er zwar bis zur vollständigen Kaufpreiszahlung noch Eigentümer der Sache, seine Verfügungsbefugnis wird aber in dieser Schwebezeit von § 161 BGB beschränkt.

- **Verfügungsbeschränkungen** bei Ehegatten über das Vermögen im Ganzen und Verfügungen über Haushaltsgegenstände finden sich in §§ 1365, 1369 BGB; d.h. ohne Zustimmung des Ehegatten sind Verfügungen darüber unwirksam.

- In den §§ 2113ff. BGB finden sich Verfügungsbeschränkungen des Vorerben.

Mobiliarsachenrecht Kompakt

Ferner kann auch ein Nichteigentümer, der vom Eigentümer zur Verfügung ermächtigt wurde, zur Übereignung berechtigt sein (z.B. Testamentvollstrecker, § 2205 BGB).[52]

Bei einer fehlenden Verfügungsbefugnis ist das vorgenommene Verfügungsgeschäft grds. unwirksam. Eine Ausnahme wird nur gemacht, wenn
- das Gesetz die Möglichkeit eines gutgläubigen Erwerbs (§§ 932ff. BGB) vorsieht oder
- wenn der Berechtigte gem. §§ 185 II, 184 BGB die unwirksame Verfügung nachträglich genehmigt.

bb) Die Übereignung nach § 929 S. 2 BGB

Sofern der Erwerber bereits im unmittelbaren oder mittelbaren Besitz der Sache ist, bedarf es keiner Übergabe mehr.
In solchen Fällen greift § 929 S. 2 BGB, der die dingliche Einigung genügen lässt (sog. **brevi manu traditio** = Übergabe kurzer Hand).[53]

Die Übereignung gem. § 929 S. 2 BGB
1. Einigung
2. Besitz auf Erwerberseite
3. Vollständige Besitzaufgabe des Veräußerers
4. Einigsein
5. Berechtigung des Veräußerers

---

[52] *Wolf/Wellenhofer*, § 7 Rn. 22.
[53] *Wolf/Wellenhofer*, § 7 Rn. 27.

cc) Die Übereignung durch Besitzkonstitut gem. §§ 929, 930 BGB

In manchen Fällen kommt es vor, dass die Parteien die Übertragung des Eigentums auf den Erwerber sofort vornehmen wollen, den Besitz aber weiterhin noch dem Veräußerer überlassen. In diesen Fällen greift die Übereignung nach §§ 929, 930 BGB.

> Beispiel:
>
> *A kauft bei B ein wunderschönes Abendkleid, welches ihr allerdings etwas zu lang ist. Zwar bezahlt sie bereits, dennoch lässt sie es noch bei B, damit diese das Kleid kürzen kann.*

Bei der Übereignung gem. §§ 929, 930 BGB wird auf das Erfordernis der Übergabe verzichtet und ein Besitzmittlungsverhältnis als Ersatz vereinbart.

Übereignung gem. §§ 929, 930 BGB
1. Einigung
2. Vereinbarung eines Besitzmittlungsverhältnisses
3. Einigsein
4. Berechtigung

Mobiliarsachenrecht Kompakt

dd) Die Übereignung durch Abtretung des Herausgabeanspruchs, §§ 929, 931 BGB

Eine Eigentumsübertragung ist ebenfalls möglich, wenn zum Zeitpunkt des Einigseins und der Übergabe ein Dritter im Besitz der Sache ist.

In diesem Fall kann der Eigentümer das Eigentum an der Sache übertragen, indem er dem Empfänger seinen mittelbaren Besitz gem. § 870 BGB überträgt und den Besitzwillen aufgibt. Nebst dinglicher Einigung ist als Übergabesurrogat ein **Abtretungsvertrag** gem. § 398 BGB über den Herausgabeanspruch zu schließen, vgl. § 870 BGB.

> Beispiel:
>
> *A verkauft B ein Haus, in dem C zur Miete wohnt. Um die Übertragung des Eigentums zu vollziehen, einigen sich A und B und schließen einen Abtretungsvertrag über den Herausgabeanspruch des § 546 I BGB. Dadurch geht der mittelbare Besitz auf B über und er erwirbt das Eigentum an dem Haus*

(W) Stehen dem Dritten Einwendungen gegen den abgetretenen Herausgabeanspruch zu, kann er diese gem. § 986 II BGB auch dem neuen Erwerber entgegenhalten.[54]

Übertragung gem. §§ 929, 931 BGB
1. Einigung   2. Abtretung des Herausgabeanspruchs

---

[54] *Wolf/Wellenhofer*, § 7 Rn. 42.

3. Einigsein
4. Berechtigung des Veräußerers

c) Der gutgläubige Erwerb beweglicher Sachen

aa) Überblick

Gem. §§ 932ff. BGB kann auch ein Nichtberechtigter eine bewegliche Sache wirksam veräußern, sofern der ~~Nichtberechtigte~~ *Erwerber* gutgläubig ist (**Gutgläubiger Eigentumserwerb**). Zweck dieser Regelungen ist insbesondere die Sicherheit im Rechtsverkehr. Bei beweglichen Sachen wird durch den Besitz gem. § 1006 BGB das Eigentum vermutet. An diesen Vermutungstatbestand knüpfen die §§ 932ff. BGB.
Voraussetzung für die Anwendung der §§ 932ff. BGB ist das Vorliegen eines dinglichen Verfügungsgeschäfts in einer der Varianten der §§ 929-931 BGB.

Tipp: Die Vorschriften des gutgläubigen Erwerbs sind immer im Gesetz „**+3**" von den Vorschriften der Übereignung entfernt:

Übereignung	§ 929 S. 1	§ 929 S. 2	§§ 929, 930	§§ 929, 931
Gutgläubiger Erwerb	§ 932 I 1, II	§ 932 I 2, II	§ 933	§ 934

(W) Die §§ 932ff. BGB regeln nur den **rechtsgeschäftlichen** gutgläubigen Erwerb von Mobilien.

Mobiliarsachenrecht Kompakt

bb) Der gute Glaube

Gem. § 932 II BGB ist der Erwerber nicht im guten Glauben, wenn ihm bekannt oder infolge grober Fahrlässigkeit unbekannt ist, dass der Veräußerer nicht Eigentümer ist.

Grobe Fahrlässigkeit liegt vor, wenn die im Verkehr erforderliche Sorgfalt in einem ungewöhnlich hohen Maß missachtet worden ist.[55]

> Beispiel:
>
> *A kauft von B einen gebrauchten Mercedes, der eigentlich C gehört, was B aber verschweigt. B ist jedoch im Besitz des Wagens, sodass A glaubt, B wäre auch der Eigentümer (Rechtsscheintatbestand des § 1006 I 1 BGB). Allerdings lässt er sich nicht den KfZ-Brief vorlegen. Als B ihm den Wagen übergeben hat, schaltet sich C ein und verlangt die Herausgabe des Autos.*
> *In diesem Fall ist A nicht Eigentümer des Autos geworden, sodass er es an C gem. § 985 BGB herausgeben muss. Denn wer einen Gebrauchtwagen ohne Vorlage des KfZ-Briefs erwirbt, handelt mit grober Fahrlässigkeit und ist gem. § 932 II BGB nicht in seinem guten Glauben an das Eigentum des Veräußerers schutzwürdig.[56] Gleiches gilt für die Zulassungsbescheinigung II.*

Der gute Glaube muss grds. so lange fortbestehen, bis die restlichen Übertragungsvoraussetzungen erfüllt sind.

(W) Beweislast: Die Fassung des Gesetzes macht deutlich, dass nicht der Erwerber, der sich auf den gutgläubigen Er-

---

[55] *Lüke*, § 5 Rn. 201.
[56] OLG Schleswig NJW 2007, 3007, 3007; BGH NJW 1975, 735, 735.

werb beruft, seinen guten Glauben beweisen muss, sondern vielmehr der, der den gutgläubigen Erwerb bestreitet (*„es sei denn, dass"*, § 932 I 1).[57]

(B) Anders als bei § 932 II BGB genügt es bei § 366 HGB, wenn man an die Verfügungsbefugnis des Veräußerers glaubt. Im Geschäftsleben wird vielfach Kommissionware veräußert, was i.d.R. auch den Erwerbern bekannt ist. Folge: Ein Gutglaubenserwerb nach § 932 BGB würde ausscheiden, dem hilft § 366 HBG allerdings ab.

cc) Gutgläubiger Erwerb gem. §§ 929 S.1, 932 BGB

Gutgläubiger Erwerb gem. §§ 929 S.1, 932 BGB
1. Übereignung gem. § 929 S. 1 BGB 2. Fehlende Berechtigung des Veräußerers 3. Gutgläubigkeit des Erwerbers, § 932 II BGB 4. Kein Abhandenkommen der Sache, § 935 BGB

dd) Gutgläubiger Erwerb gem. §§ 929 S. 2, 932 BGB

Gutgläubiger Erwerb gem. §§ 929 S. 2, 932 BGB
1. Übereignung gem. § 929 S. 2

---

[57] *Wolf/Wellenhofer*, § 8 Rn. 16.

Mobiliarsachenrecht Kompakt

> 2. Fehlende Berechtigung des Veräußerers
> 3. Besitzerwerb vom Veräußerer
> 4. Gutgläubigkeit des Erwerbers, § 932 II BGB
> 5. Kein Abhandenkommen der Sache, § 935 BGB

„Besitzerwerb vom Veräußerer" bedeutet in diesem Fall, dass der Erwerber den Besitz, den er bereits inne hat, zuvor vom Veräußerer bekommen haben muss, § 932 I 2 BGB.[58]

ee) Gutgläubiger Erwerb gem. §§ 929 S. 1, 930, 933 BGB

Bedienen sich die beiden Parteien zur Übertragung des Eigentums eines Besitzkonstituts, so ist die Übereignung erst vollendet, wenn der Veräußerer die Sache an den Erwerber übergibt und der Erwerber in diesem Moment noch gutgläubig ist, § 933 BGB.[59] D.h. der Veräußerer muss seinen Besitz vollständig verloren haben.

> **Gutgläubiger Erwerb bei Vereinbarung eines Besitzkonstituts, §§ 929 S. 1, 930, 933 BGB**
>
> 1. Übereignung gem. §§ 929 S.1, 930 BGB
> 2. Fehlende Berechtigung des Veräußerers
> 3. Übergabe der Sache vom Veräußerer an den Erwerber,

---

[58] *Wolf/Wellenhofer*, § 8 Rn. 8.
[59] *Wolf/Wellenhofer*, § 8 Rn. 9.

> § 933 BGB
>
> 4. Gutgläubigkeit des Erwerbers, § 932 II BGB
>
> 5. Kein Abhandenkommen der Sache, § 935 BGB

ff) Gutgläubiger Erwerb gem. §§ 929 S. 1, 931, 934 BGB

§ 934 BGB regelt den gutgläubigen Erwerb bei der Übertragungsform des §§ 929, 931 BGB. Dabei ist zwischen zwei Varianten zu unterscheiden:

- § 934 Alt. 1 BGB: Erlangt der Erwerber den mittelbaren Besitz vom Veräußerer, so tritt der gutgläubige Erwerb bereits dadurch ein, dass der Veräußerer den Herausgabeanspruch gegen den Dritten gem. § 870 BGB abtritt. Ab diesem Moment hat der Veräußerer jeglichen Besitz verloren, der Erwerber dagegen mittelbaren Besitz erlangt.

- § 934 Alt. 2 BGB: Sofern zwischen dem Veräußerer und dem Besitzmittler gar kein Besitzmittlungsverhältnis besteht, so erfolgt der gutgläubige Erwerb erst in dem Moment, in dem der Erwerber den Besitz durch den Besitzmittler erlangt.

Gutgläubiger Erwerb bei Abtretung des Herausgabeanspruchs, §§ 929 S. 1, 931 S. 1, 934 BGB

1. Übereignung nach §§ 929 S. 1, 934 BGB
2. Fehlende Berechtigung des Veräußerers

> 3. Erlangung des mittelbaren Besitzes vom Veräußerer (§ 934 Alt. 1) <u>oder</u>
> Erlangung des Besitzes vom Besitzmittler (§ 934 Alt. 2)
> 4. Gutgläubigkeit des Erwerbers, § 932 II BGB
> 5. Kein Abhandenkommen der Sache, § 935 BGB

gg) Gutgläubiger lastenfreier Erwerb gem. § 936 BGB

Genauso wie ein Eigentümer sein Eigentum durch gutgläubigen Erwerbs verlieren kann, kann ein Inhaber ein beschränkt dinglichen Rechts (z.B. Pfandrecht) infolge eines gutgläubigen lastenfreien Erwerbs gem. § 936 I BGB verlieren.

Gem. § 936 III BGB bleiben die Rechte an der Sache jedoch bestehen, welche dem Besitzer zum Zeitpunkt der Anspruchsabtretung durch den Veräußerer gegen diesen zustanden oder die Sache gem. § 935 I BGB analog dem rechtmäßigen Eigentümer abhanden gekommen ist.[60]

Gutgläubiger lastenfreier Erwerb gem. § 936 BGB

> 1. Rechtsgeschäftlicher Eigentumserwerb an einer beweglichen Sache
> 2. Belastung der Sache mit dinglichem Recht eines Dritten

---

[60] *Wolff/Wellenhofer*, § 8 Rn. 38.

> 3. Besitzerwerb des Erwerbers gem. §§ 932ff., § 936 I 2, 3 BGB
> 4. Gutgläubigkeit des Erwerbers hinsichtlich der Lastenfreiheit, § 936 II BGB
> 5. Kein Ausnahmefall des § 936 III BGB
> 6. Kein Abhandenkommen, § 935 BGB analog

hh) Abhandengekommene Sachen

Die Benachteiligung des wirklichen Eigentümers durch den gutgläubigen Erwerb lässt das Gesetz allerdings nur gelten, wenn der Eigentümer seinen Besitz an der Sache dem veräußernden Nichtberechtigten freiwillig überlassen hat (sog. **Veranlassungsprinzip**).[61] Schließlich trägt der Eigentümer selbst das Risiko, wenn er seinen Besitz an der Sache dem Dritten anvertraut.[62]

Eine Ausnahme macht § 935 I BGB für den Fall, dass der Eigentümer den Besitz an der Sache ohne seinen Willen verloren hat oder wenn der Eigentümer nur mittelbarer Besitzer war und der unmittelbare Besitzer die Sache verloren hat.

Ferner schließt § 935 II BGB bestimmte Sachen vom gutgläubigen Erwerb aus. Dazu gehören:
- Geld
- Inhaberpapiere (z.B. Inhaber Scheck)[63]

---

[61] *Wolf/Wellenhofer*, § 8 Rn. 1.
[62] *Vieweg/Werner*, § 5 Rn. 2.
[63] *Inhaberpapiere weisen nicht einen bestimmten Berechtigten, sondern den jeweiligen Inhaber des Papiers als zur Geltendmachung des Rechts Berechtigten aus. Das Recht kann durch Weitergabe* des Papiers übertragen werden (Das Recht aus dem Papier folgt dem Recht am Papier).

Mobiliarsachenrecht Kompakt

- Sachen die im Wege öffentlicher Versteigerungen oder in einer Versteigerung gem. § 979 I a BGB veräußert werden

ii) Rückerwerb des Nichtberechtigten

Problematisch ist die Frage, ob ein Nichtberechtigter, der eine Sache wirksam an einen gutgläubigen Erwerber veräußert, Eigentümer werden kann, wenn er anschließend die Sache vom Berechtigten zurückerwirbt.

Unproblematisch sind die Fälle, in denen der Nichtberechtigte die Sache durch ein neues Rechtsgeschäft zurückerwirbt.

Beispiel:

A hält sich gutgläubig für den Eigentümer eines Mercedes-Cabriolet, der tatsächlich B gehört. Nachdem er sich entschieden hat, ein Motorrad zu kaufen, verkauft er das Auto an C. Nach kurzer Zeit bemerkt er jedoch, dass ihm sein heißgeliebtes Cabriolet doch fehlt. Praktischerweise befindet sich C in großer Geldnot, sodass A das Auto für ein Schnäppchen zurückkaufen kann.

In diesem Fall hatte C wirksam Eigentum gem. §§ 929 S. 1, 932 erworben. So konnte er wiederum als Berechtigter an A übereignen. B hat folglich sein Eigentum verloren.

Problematischer ist die Frage, wie verfahren werden soll, wenn ein Rückerwerb infolge eines Rücktritts oder einer Anfechtung des Verpflichtungsgeschäfts erfolgt.

> Beispiel:
>
> *A überlässt B sein Auto zum Gebrauch für seine weiten Arbeitsstrecken. Aus Geldnot verkauft B das Auto an den gutgläubigen C. Aufgrund eines Sachmangels in Form eines langen Kratzers an der Hinterseite tritt dieser kurz darauf wirksam vom Kaufvertrag zurück. B bekommt daraufhin das Auto zurückübereignet. Wer ist nun Eigentümer?*
>
> *Wie in diesem Fall vorgegangen werden soll, ist umstritten:*
> - *e.A.: Es müsse eine gesetzestreue Lösung angenommen werden, die sodann zum Eigentumserwerb des Nichtberechtigten führen würde.*[64]
> - *h.M.: Das Eigentum fällt an den früheren Eigentümer zurück.*[65]

d) Der gesetzliche Eigentumserwerb von beweglichen Sachen

aa) Überblick

Eigentum kann auch durch einen gesetzlichen Erwerb oder kraft Hoheitsakt übertragen werden.

Dabei lassen sich insbesondere folgende Regelungsbereiche unterscheiden:

- Verarbeitung, Verbindung und Vermischung, §§ 946ff. BGB
- Erwerb von Erzeugnissen und sonstigen Bestandteilen einer Sache, §§ 953ff. BGB
- Ersitzung, § 937 BGB

---

[64] Palandt-*Bassenge*, § 932 Rn. 17; *Wolf/Wellenhofer*, § 8 Rn. 37.
[65] *Wolf/Wellenhofer*, § 8 Rn. 37.

Mobiliarsachenrecht Kompakt

- Aneignung, §§ 958ff. BGB
- Fund, §§ 965ff. BGB
- Eigentumserwerb an Schuldurkunden, § 952 BGB
- Erbe, § 1922 BGB

Ein Eigentumserwerb kraft Hoheitsakt findet sich in der ZPO, namentlich die Zwangsvollstreckung (§§ 750 ff. ZPO).

bb) Verarbeitung, Verbindung und Vermischung, §§ 946 ff. BGB

Wie oben bereits dargestellt, können sobald eine Sache wesentlicher Bestandteil einer anderen wird keine getrennten Rechte mehr an ihr bestehen. Das heißt die an dieser Sache bestehenden Eigentumsrechte gehen unter. Folglich ist es erforderlich, dass die dingliche Zuordnung dieser Sachen neu und wirtschaftlich sinnvoll geregelt wird. Darin liegt der Regelungszweck der §§ 946ff. BGB.

(1) Eigentumserwerb durch Verarbeitung gem. § 950 BGB

Der Eigentumserwerb nach Verarbeitung gem. § 950 BGB genießt gegenüber den §§ 947, 948 Vorrang.[66]

(a) Voraussetzungen

§ 950 BGB setzt voraus, dass durch die Be- oder Verarbeitung von Stoffen eine neue Sache geschaffen wird, die sich durch ihre äußere Erscheinung wie durch ihren Gebrauchszweck nach der Verkehrsauffassung von den ursprünglichen Stoffen unterscheidet.[67]

---

[66] *Wolf/Wellenhofer*, § 9 Rn. 4.
[67] *Wolf/Wellenhofer*, § 9 Rn. 5.

Mobiliarsachenrecht Kompakt

Eine neue Sache entsteht jedoch nicht durch die bloße Abtrennung von Bestandteilen oder durch die Reparatur einer Sache.[68] Im Zweifel ist nach der Verkehrsauffassung zu beurteilen.[69]

Beispiele:

Aus Stoffen werden Kleider hergestellt.
Aus Leder Gürtel und Handtaschen.
Mit Papier und Stift wird ein Gemälde gemalt.

Dabei darf der Wert der Verarbeitung nicht erheblich geringer sein als der Rohstoffwert. Ist dies jedoch der Fall oder sind Arbeitswert und Sachwert gleichwertig, tritt der Eigentumserwerb zugunsten des Verarbeitenden ein.

Der BGH hat in mehreren seiner Entscheidungen einen erheblich geringeren Verarbeitungswert bei einem Verhältnis 100:60 angenommen und den Eigentumserwerb des Verarbeitenden folglich verneint.[70]

Verarbeitung gem. § 950 BGB

1. Verarbeitung einer oder mehrerer beweglicher Sachen

2. Entstehung einer neuen beweglichen Sache

3. Verarbeitungswert nicht erheblich geringer als der Rohstoffwert

4. Rechtfolge: Eigentumserwerb des Herstellers

---

[68] *Wolf/Wellenhofer*, § 9 Rn. 6.
[69] *Lüke*, § 6 Rn. 240.
[70] z.B.: BGHZ 56, 88, BGHZ JZ 1972, 165, BGH NJW 1995, 2633

Mobiliarsachenrecht Kompakt

(b) Rechtsfolge: Eigentumserwerb des Herstellers

Liegen die Voraussetzungen des § 950 BGB vor, tritt der Eigentumserwerb zu Gunsten des Herstellers ein.

Hersteller ist, wer nach Verkehrsanschauung die maßgebliche Beeinflussung und Steuerung des Herstellungsvorgangs innehat und das Verwendungsrisiko der hergestellten Sache trägt.[71]

Hersteller sind folglich regelmäßig nicht die tatsächlichen Verarbeiter, sondern die Unternehmer, die die Produktion organisieren.[72]

> Beispiel: *Geschäftsführer einer GmbH*

Gleichgültig ist dabei, ob Verarbeiter bei der Verarbeitung bösgläubig war oder ob es sich um abhandengekommene Sachen i.S.d. § 935 I BGB handelte.[73]

Mit dem Verlust des Eigentums, erlöschen gem. § 950 II BGB auch alle anderen beschränkten dinglichen Rechte an der verarbeiteten Sache.

> **(P)** § 950 BGB trifft eine sehr einseitige Entscheidung bezüglich des Interessenkonflikts zwischen Lieferanten und Hersteller. Fraglich ist, ob § 950 BGB abdingbar ist. Dies ist strittig: [↳ durch eine freie Verabredung ersetzbar]

---

[71] *Westermann/Gursky/Eickmann*, § 53 Rn. 19; *Lüke*, § 6 Rn. 242; *Wolf/Wellenhofer*, § 9 Rn. 8;
[72] BGH NJW 1991, 1480, 1482.
[73] OLG Köln NJW 1997, 2187, 2188; BGH NJW 1989, 3213, 3213; *Wolf/Wellenhofer*, § 9 Rn. 14.

- e.A.: (-), denn die Vorschrift des § 950 BGB wolle eine Eigentumszuordnung festlegen, um Sicherheit im Rechtsverkehr zu garantieren. Außerdem trage der Hersteller das Verwendungsrisiko, sodass es nur sachgerecht sei, wenn er auch das Eigentum an der neuen Sache erwerbe.[74]

- a.A.: (+), § 950 BGB gelte nur für die Fälle, in denen tatsächlich ein Interessenkonflikt vorliege, eine einvernehmlich abweichende Absprache stehe dem nicht entgegen.[75]

- h.A.: (-), diese Auffassung hält an dem zwingenden Charakter der Vorschrift fest. Allerdings werde ein Kompromiss dahingehend gemacht, dass die Parteien den Begriff des Herstellers durch eine Verarbeitungsklausel selbst konkretisieren können, also quasi eine Abdingbarkeit der Rechtsfolgen.[76]

(2) Eigentumserwerb durch Verbindung mit einem Grundstück, § 946 BGB

Gem. § 946 BGB erwirbt der Grundstückseigentümer alle beweglichen Sachen, die mit dem Grundstück als wesentlicher Bestandteil verbunden werden.[77]

Beispiel: *Fenster*, *Heizungsanlage*, Fließen

---

[74] *Wolf/Wellenhofer*, § 9 Rn. 12; *Lüke*, § 6 Rn. 243.
[75] *Flume*, NJW 1950, 841, 843f.; *Lüke*, § 6 Rn. 243.
[76] MüKo-*Füller*, § 950 R. 15f.; *Lüke*, § 6 Rn. 244, 245.
[77] Für die Vereinigung zweier Grundstücke gilt dagegen § 890 BGB.

Mobiliarsachenrecht Kompakt

Liegen die Voraussetzungen des § 946 BGB vor, geht das Eigentum an der beweglichen Sache vollständig und final unter, da an Bestandteilen kein Eigentum bestehen kann.[78] Außerdem wird die Sache gem. § 949 S. 1 BGB frei von Rechten Dritter.

Verbindung gem. § 946 BGB
1. Bewegliche Sache
2. Verbindung der Sache mit einem Grundstück
3. Sache muss wesentlicher Bestandteil des Grundstücks werden
4. Rechtsfolge: Eigentumserwerb des Grundstücksinhaber

(3) Eigentumserwerb durch Verbindung beweglicher Sachen, § 947 BGB

Die Regelung des § 947 I BGB betrifft den Fall der Verbindung beweglicher Sachen, dass mit der Wiederabtrennung ein Wertverlust eintreten würde.
Werden bewegliche Sachen dagegen lose miteinander verbunden, sodass eine Trennung ohne Wertverlust jederzeit möglich wäre, greift § 947 BGB nicht und die Eigentümer bleiben weiterhin Alleineigentümer der einzelnen Sachen (z.B. *Zusammenstecken zweier Legosteine*).

Liegen die Voraussetzungen des § 947 I BGB vor, werden die bisherigen Eigentümer Miteigentümer der neuen Sachen.

---
[78] *Wolf/Wellenhofer*, § 9 Rn. 20.

Der Bruchteil am Eigentum beurteilt sich gem. § 947 I 1 HS. 2 BGB nach dem Wert der einzelnen Sache vor Verbindung. Ist dagegen in einer der Sachen eine Hauptsache zu sehen, wird dessen Eigentümer Alleineigentümer, § 947 II BGB. Entsteht dagegen eine neue Sache unter nicht unerheblichen Arbeitsaufwand, ist § 950 BGB einschlägig (s.o.).

> Beispiel[79]:
>
> *Werden mehrere Bretter zusammengeleimt, entsteht ein Holzblock und die Bretter sind wesentliche Bestandteile von diesem. An diesem haben die Eigentümer der bisherigen Holzbretter aufgrund der Verbindung gem. § 947 I BGB Miteigentum.*
> *Werden die Holzbretter allerdings zu einer Kiste verarbeitet, deren Wert wesentlich über dem Gesamtwert der Bretter steht, gilt vorrangig § 950 BGB und Eigentümer wird der Hersteller der Kiste.*

Verbindung gem. § 947 I BGB
1. Bewegliche Sache
2. Verbindung mit einer anderen beweglichen Sache
3. Sache wird wesentlicher Bestandteil
4. ohne das eine Sache als Hauptsache anzusehen ist
5. Kein Fall von § 950 BGB
6. Rechtsfolge: Miteigentum des bisherigen Eigentümers, § 947 I BGB oder Alleineigentum des Eigentümers der Hauptsache, § 947 II BGB

---

[79] *Wolf/Wellenhofer*, § 9 Rn. 24.

Mobiliarsachenrecht Kompakt

(4) Eigentumserwerb durch Vermischung oder Vermengung beweglicher Sachen, §§ 948 I, 947 BGB

Bewegliche Sachen, die untrennbar miteinander vermischt oder vermengt wurden, können nicht Gegenstand gesonderter dinglicher Rechte sein. Für diesen Fälle verweist § 948 I BGB auf die Voraussetzungen und Rechtsfolgen des § 947 BGB.

Vermischung findet bei Flüssigkeiten und Gasen statt (z.B. *Wasser* und *Cola*).[80]

Vermengung dagegen bei festen Stoffen (z.B. *Haferflocken*).[81]

Der Untrennbarkeit steht es gem. § 948 II BGB gleich, wenn die Trennung der vermischten oder vermengten Sachen mit unverhältnismäßigen Kosten verbunden wäre.

Vermischung oder Vermengung gem. §§ 948 I, 947 BGB
1. Bewegliche Sache
2. Vermischung/Vermengung mit einer anderen beweglichen Sache
3. Sache wird wesentlicher Bestandteil
4. ohne das eine Sache als Hauptsache anzusehen ist
5. Kein Fall von § 950 BGB
6. Rechtsfolge: Miteigentum des bisherigen Eigentümers,

---

[80] *Lüke*, § 6 Rn. 235.
[81] *Lüke*, § 6 Rn. 235.

> § 947 I BGB oder Alleineigentum des Eigentümers der Hauptsache, § 947 II BGB

(5) Ausgleich für den Rechtsverlust durch §§ 946ff. BGB

In allen Fällen, in denen jemand Eigentum durch die §§ 946ff. BGB verloren hat, steht diesem ein **Entschädigungsanspruch** aus §§ 951 I 1, 812 I 1 Alt. 2 BGB zu.

Ausgeglichen wird durch Wertersatz. Die Höhe richtet sich dabei nach dem objektiven Wert der Sache im Zeitpunkt des Eigentumsverlusts.[82]

(W) Die Vorschrift des § 951 I 1 BGB wird allgemein als Rechtsgrundverweisung angesehen, sodass die Voraussetzungen für die ungerechtfertigte Bereicherung ebenfalls zu prüfen sind.[83]

Entschädigungsanspruch gem. §§ 951 I 1, 812 I 1 Alt. 2

1. Rechtverlust infolge der §§ 946ff. BGB
2. Tatbestand des § 812 I 1 Alt. 2 BGB

   a) Etwas erlangt

   b) In sonstiger Weise (=infolge der gesetzlichen Wir-

---

[82] *Lüke*, § 6 Rn. 246.
[83] Strittig ist dabei, ob im Rahmen des § 951 I 1 BGB neben der Engriffs- auch auf die Leistungskondiktion verwiesen wird; nachzulesen in: *Lüke*, § 6 Rn. 246.

> kung der §§ 946ff BGB)
>
> c) Ohne rechtlichen Grund
>
> 3. Rechtsfolge: Wertersatz, § 818 II

Ein gesetzlich vorgesehenes Wegnahmerecht (z.B. § 997 BGB) wird nicht durch § 951 II 2 BGB ausgeschlossen.

Diese Klarstellung ist insbesondere deswegen erforderlich, weil gem. § 951 I 2 BGB die Wiederherstellung des früheren Zustands nicht verlangt werden kann.

Konsequenterweise muss daher der wegnehmende frühere Eigentümer die Kosten der Wiederherstellung des früheren Zustands tragen, § 258 BGB.[84]

cc) Erwerb von Erzeugnissen und Bestandteilen einer Sache, §§ 953ff. BGB

Grds. können Erzeugnisse und Bestandteile nicht Gegenstand selbstständiger dinglicher Rechte sein (s.o.). Werden diese jedoch von der Hauptsache getrennt, werden sie eigenständige bewegliche Sachen. Die §§ 953ff. BGB regeln in diesen Fällen, wer fortan Eigentümer dieser Erzeugnisse und Bestandteile wird.

> Beispiel:
>
> *Erzeugnis einer Kuh ist die Milch. Mit deren Abfüllung wird sie von der Kuh (Hauptsache) getrennt.*

---

[84] *Wolf/Wellenhofer*, § 10 Rn. 15.

Mobiliarsachenrecht Kompakt

(1) Grundsatz § 953 BGB

§ 953 BGB regelt den Grundsatz. Danach erwirbt der Eigentümer der Hauptsache Eigentum. Die Vorschriften der §§ 954-957 BGB stellen Ausnahmen zu dieser Grundregel dar.

(2) Eigentumserwerb des gutgläubigen Eigenbesitzers oder Nutzungsbesitzers gem. § 955 BGB

Gem. § 955 I, II BGB erwirbt vorrangig der gutgläubige Eigenbesitzer oder der gutgläubige Nutzungsberechtigte die Hauptsache an den abgetrennten Erzeugnissen und Bestandteilen, sofern diese als Früchte i.S.d. § 99 I anzusehen sind.

(W) § 935 BGB findet keine Anwendung, d.h. § 955 I BGB gilt auch dann, wenn dem Eigentümer die Sache vorher abhandengekommen war.[85]

> Beispiel:
>
> *Mit dem Tod von M hält sich A als einzige Tochter für die Alleinerbin und nimmt die vermeintlich geerbte Kuh in Besitz, welche sie fortan regelmäßig melkte. Kurze Zeit später findet sie allerdings ein Testament, wonach B, der Geliebte der M, zum Alleinerben eingesetzt wurde. Zwar steht hier die Kuh dem B zu, A war jedoch redliche Besitzerin bis zum Fund des Testaments und war in dieser Zeit auch gutgläubig. Folglich wurde sie gem. § 955 I BGB Eigentümerin der Milch.*

---

[85] *Wolf/Wellenhofer*, § 11 Rn. 4.

Mobiliarsachenrecht Kompakt

Eigentumserwerb des gutgläubigen Eigenbesitzers oder Nutzungsbesitzers gem. § 955 BGB

---

1. Eigenbesitz (Abs. I) oder Nutzungsbesitz (Abs. II)
2. Gutgläubigkeit
3. Keine nachträgliche Kenntnis des Rechtsmangel bis Abschluss der Trennung
4. Trennung während der Besitzzeit
5. Kein Fall der §§ 956, 957 BGB
6. Rechtsfolge: Eigentumserwerb an den abgetrennten Erzeugnissen und Bestandteilen

---

(3) Erwerb des Aneignungsberechtigten, § 956 BGB

Eine weitere vorrangige Ausnahme selbst von § 955 BGB bildet § 956 BGB. Danach erwirbt eine Person Eigentum an den Erzeugnissen und Bestandteilen nach einer Trennung, wenn der Eigentümer oder eine nach §§ 954, 955 BGB aneignungsberechtigte Person die Aneignung gestattet.

Bei der Gestattung handelt es sich um ein Verfügungsgeschäft, das regelmäßig im Zusammenhang mit einem schuldrechtlichen Vertrag (z.B. *Pachtvertrag*) ergeht.[86]

Der Eigentumserwerb tritt gem. § 956 I 1 BGB mit der Trennung ein, wenn der Aneignungsberechtigte im Besitz der Hauptsache ist. Ansonsten erfolgt der Eigentumserwerb erst, wenn er die getrennten Sachen in Besitz nimmt.

---

[86] *Wolf/Wellenhofer*, § 12 Rn. 5.

Ein gutgläubiger Erwerb bei fehlender Verfügungsberechtigung ist gem. § 957 BGB möglich.

Erwerb des Aneignungsberechtigten, § 956 BGB

1. Aneignungsgestattung durch Eigentümer oder eine nach §§ 954, 955 BGB aneignungsberechtigte Person
2. Trennung nach Besitzüberlassung (§ 956 I 1 Alt. 1) oder Besitzergreifung (§ 956 I 1 Alt. 2)
3. Fortbestand der Aneignungsgestattung zum Zeitpunkt der Trennung oder Besitzergreifung
4. Verfügungsberechtigung des Gestattenden nach §§ 954, 955, 956 BGB
5. Rechtsfolge: Eigentumserwerb an den abgetrennten Erzeugnissen und Bestandteilen

---

dd) Ersitzung, § 937 BGB

Gem. § 937 I erwirbt der Eigenbesitzer, der eine bewegliche Sache 10 Jahre lang gutgläubig besessen hat, das Eigentum an der Sache.

§ 935 BGB findet insoweit keine Anwendung, sofern der Eigenbesitzer im guten Glauben hinsichtlich seines Rechts zum Besitz ist.

Mobiliarsachenrecht Kompakt

Ersitzung, § 937 BGB

1. Bewegliche Sache
2. Eigenbesitzer, § 872 BGB
3. Gutgläubigkeit bei Besitzerwerb, § 937 II Alt. 1 BGB
4. Keine nachträgliche Kenntnis des fehlenden Eigentum, § 937 II Alt. 2 BGB
5. Ablauf der Ersitzungsfrist von 10 Jahren, §§ 938ff. BGB
6. Rechtsfolge: Eigentumserwerb

---

ee) Aneignung herrenloser Sachen, § 958 BGB

Gem. § 958 I BGB kann sich jede Person herrenlosen beweglichen Sachen aneignen, die die Sache in Eigenbesitz nimmt, § 958 I BGB.

Die Aneignung darf allerdings gem. § 958 II BGB nicht gesetzlich verboten sein (z.B. kein Einfangen von Tieren, die unter Artenschutz stehen) oder das Aneignungsrecht eines anderes verletzen.

ff) Fund, § 973 BGB

Grds. führt das Auffinden von verlorenen Gegenstände nicht zum Eigentumserwerb des Finders. Vielmehr wird zwischen ihm und dem Eigentümer ein gesetzliches Schuldverhältnis gem. §§ 965ff. BGB begründet, welches dem Finder einen

Anspruch auf Finderlohn sowie Aufwendungsersatz und dem Eigentümer ein Herausgabeanspruch gewährt.[87]

Mit dem Ablauf von sechs Monaten nach der Anzeige des Fundes bei der zuständigen Behörde erwirbt der Finder gem. § 973 BGB das Eigentum an der Sache, vorausgesetzt, der Verlierer ist ihm nicht bekannt bzw. hat sich nicht bei der Behörde gemeldet.

Eine Ausnahme der Anzeigepflicht wird bei einem Wert unter 10 € gemacht, vgl. § 965 II 2 BGB. In diesem Fall beginnt die Fundfrist bei Fund der Sache zu laufen, § 973 II 1 BGB.

Fund, § 973 BGB

1. Verlorene besitzlose Sache
2. Fund
3. Anzeige, § 965 I, II 1 (Ausnahme: Wert unter 10 €, § 965 II 2 BGB)
4. Ablauf von sechs Monates, § 973 I, II BGB
5. Keine Meldung des Verlierers, § 973 I 1 BGB
6. Rechtsfolge: Eigentumserwerb des Finders

---

[87] *Lüke*, § 6 Rn. 255.

Mobiliarsachenrecht Kompakt

Für den **Schatzfund** gilt die Sonderregelung des § 984 BGB. Danach wird der Finder eines Schatzes zur Hälfte Eigentümer, wenn er die Sache in Besitz nimmt (**Entdeckeranteil**) und die andere Hälfte erwirbt der Eigentümer, in dessen Sache der Schatz verborgen ist (**Eigentümeranteil**), vorausgesetzt der ursprüngliche Eigentümer ist nicht zu ermitteln.[88]

gg) Eigentum an Schuldurkunden, § 952 BGB

Gem. § 952 I 1 BGB steht das Eigentum an dem über eine Forderung ausgestellten Schuldschein dem Gläubiger zu. Selbiges gilt gem. § 952 II BGB für Urkunden, sofern diese ein Recht auf eine Leistung verkörpern, (z.B. *Scheck*).[89]
Das Eigentum daran ist folglich untrennbar mit der Forderung selbst verknüpft (= Das Recht aus dem Papier folgt aus dem Recht an dem Papier).[90]

§ 1006 BGB wird in diesem Fall in seiner Wirksamkeit ausgehebelt.

4. Der Eigentumsvorbehalt, § 449 BGB

a) Begriff

Der **Eigentumsvorbehalt** dient als Sicherungsrecht des Verkäufers, sofern der Kaufpreis weder im Voraus noch Zug um Zug gegen Übergabe der Kaufsache gezahlt wird.

---

[88] *Wolf/Wellenhofer*, § 12 Rn. 6.
[89] *Wilhelm*, Rn. 1173.
[90] *Wolf/Wellenhofer*, § 12 Rn. 7.

Mobiliarsachenrecht Kompakt

Zwar erhält der Käufer den unmittelbaren Besitz an der Sache, gem. § 449 BGB wird der Eigentumserwerb der Sache jedoch an die Bedingung (§ 158 BGB) der vollständigen Kaufpreiszahlung geknüpft.

b) Vereinbarung eines Eigentumsvorbehalts

Grds. wird ein Eigentumsvorbehalt bereits im Rahmen des zugrundeliegenden Verpflichtungsgeschäfts (z.B. Kaufvertrag, Werklieferungsvertrag) vereinbart.[91]
Sofern die Vereinbarung erst im Verfügungsgeschäft vorgenommen wird, bedarf es in der Regel einer ausdrücklichen Erklärung, denn in einer Lieferung ist ansonsten nach dem objektiven Empfängerhorizont (§§ 133, 157 BGB) ein konkludentes Übereignungsangebot zu sehen.[92]

(P) Der Verkäufer behält den Kfz-Brief eines Autos beim Kauf ein. Eigentumsvorbehalt?

→ Ja, darin ist nach h.M. regelmäßig ein konkludent erklärter Eigentumsvorbehalt seitens des Verkäufers zu sehen.[93]

c) Rechtliche Wirkungen

Der Käufer erwirbt in diesem Fall ein sog. **Anwartschaftsrecht** sowie ein **relatives Recht zum Besitz** aus dem Kaufvertrag.

Der Verkäufer kann daher zwar bis Eintritt der Bedingung verfügen, den Eigentumserwerb des Käufers kann er aller-

---

[91] *Wolf/Wellenhofer*, § 14 Rn. 2.
[92] *Wolf/Wellenhofer*, § 14 Rn. 2.
[93] BGH NJW 2006, 3488, 3488.

dings nicht mehr verhindern. Eine solche Verfügung wäre nach § 161 I 1 BGB unwirksam.
Ferner ist der Käufer bei Untergang der Sache oder sonstiger Beeinträchtigung des Eigentumserwerbs durch Verschulden des Verkäufers durch einen Schadensersatzanspruch aus § 160 I BGB abgesichert.[94]

d) Das Anwartschaftsrecht

aa) Begriff

Als **Anwartschaftsrecht** bezeichnet man ein gesichertes Recht, dass auf den zukünftigen Erwerb eines dinglichen Rechts gerichtet ist.
Gesichert ist dieses Recht, wenn von einem mehraktigen Entstehungstatbestand bereits so viele Voraussetzungen erfüllt sind, dass der Veräußerer den Rechtserwerb des Erwerbers nicht mehr durch eine einseitige Erklärung verhindern kann.[95]

bb) Anwartschaftsrecht als Recht zum Besitz

Aufgrund seines relativen Rechts aus dem Kaufvertrag, ist der Käufer dem Verkäufer gegenüber zum Besitz berechtigt (**obligatorisches Besitzrecht**).

> **(P)** Umstritten ist, ob das Anwartschaftsrecht darüber hinaus ein **dingliches Besitzrecht** verleiht:

---

[94] *Vieweg/Werner*, § 11 Rn. 41.
[95] *Vieweg/Werner*, § 11 Rn. 34.

- e.A: (-), denn das Anwartschaftsrecht sei eben abhängig von der schuldrechtlichen Lage und könne daher keine absoluten Rechte begründen.[96]

- a.A.: (+), ein Anwartschaftsrecht schränke das Eigentumsrecht ein und sei folglich nur dann sinnvoll, wenn man eben diese dinglichen Befugnisse an der Sache erlange.[97]

- BGH: (+), wenn der Bedingungseintritt unmittelbar bevorstehe.[98]

cc) Schutz des Anwartschaftsrechtes

Der Schutz des Anwartschaftsrechtes wird folgendermaßen gewährleistet:

- Schutz vor Zwischenverfügungen, § 161 BGB
- Besitzrecht, § 986 BGB
- Besitzschutz bei unmittelbaren Besitz, §§ 861ff. BGB
- Ansprüche aus §§ 985, 987ff. BGB analog
- Schutz gegen Störungen, § 1004 BGB analog
- Deliktischer Schutz als „sonstiges Recht", § 823 I BGB

---

[96] MüKo-*Baldus*, § 986 Rn. 9f.; *Vieweg/Werner*, § 11 Rn. 40.
[97] *Wolf/Wellenhofer*, § 14 Rn. 20.
[98] *Vieweg/Werner*, § 11 Rn. 40.

Mobiliarsachenrecht Kompakt

dd) Erwerb des Anwartschaftsrechts

(1) Ersterwerb des Anwartschaftsrechts

Als Vorstufe des Eigentums und sog. **wesensgleiches Minus des Eigentums** erfolgt der Erwerb des Anwartschaftsrecht nach den Regelungen des Eigentumserwerb nach §§ 929ff. BGB.[99]

Ersterwerb des Anwartschaftsrechts
1. Einigung
2. Übergabe oder Übergabesurrogat
3. Einigsein
4. Berechtigung des Veräußerers, ggf. gutgläubiger Erwerb, §§ 932ff. BGB
5. Möglichkeit des Bedingungseintritts

(2) Zweiterwerb des Anwartschaftsrecht

Aufgrund der Vorstufeneigenschaft des künftigen Eigentums kann ein Anwartschaftsrecht ohne Zustimmung des Vorbehaltseigentümers analog den §§ 929ff. BGB übereignet werden.

---

[99] *Wolf/Wellenhofer*, § 14 Rn. 19.

Mobiliarsachenrecht Kompakt

Der Zweiterwerber wird in diesem Fall automatisch mit Bedingungseintritt Eigentümer der Sache, ohne Durchgangserwerb beim Ersterwerber.[100]

Übertragung des Anwartschaftsrechts

1. Einigung über die Übertragung des Anwartschaftsrechts, § 929 S. 1 BGB analog
2. Übergabe oder Übergabesurrogat, §§ 929ff. BGB analog
3. Einigsein
4. Berechtigung des Veräußerers
5. Möglichkeit des Bedingungseintritts

Ebenso ist ein gutgläubiger Erwerb analog den §§ 932ff. BGB eines Anwartschaftsrechts möglich, sofern es den gutgläubigen Erwerb eines einem Dritten zustehenden Anwartschaftsrechts betrifft.

Ein gutgläubiger Erwerb eines nicht bestehenden Anwartschaftsrechts ist dagegen nicht möglich.[101]

ee) Erlöschen des Anwartschaftsrecht

Das Anwartschaftsrecht erlischt in folgenden Fällen:

- Erfüllung der Kaufpreisforderung ist unmöglich geworden (z.B. Rücktritt)
- Verjährung der Kaufpreisforderung
- Unwirksamer Kaufvertrag

---

[100] *Wolf/Wellenhofer*, § 14 Rn. 30.
[101] *Vieweg/Werner*, § 11 Rn. 57.

Mobiliarsachenrecht Kompakt

Dabei wird deutlich, dass das Anwartschaftsrecht von dem Fortbestand der Kaufpreisforderung abhängig ist.

e) Sonderformen des Eigentumsvorbehalt

Neben dem einfachen Eigentumsvorbehalt unterscheidet man außerdem zwischen **verlängerten Eigentumsvorbehalt**, **erweiterten Eigentumsvorbehalt** sowie **weitergeleiteten Eigentumsvorbehalt**.

aa) Verlängerter Eigentumsvorbehalt

Beim sog. **verlängerten Eigentumsvorbehalt** vereinbaren Vorbehaltsverkäufer und Vorbehaltskäufer, dass Letzterer, obwohl er nicht Eigentümer ist, die Sache gem. §§ 929ff. i.V.m. § 185 BGB weiterveräußern darf (**Verfügungsermächtigung**).[102] Zur Sicherheit lässt sich der Vorbehaltsverkäufer den Erlös aus dem Weiterverkauf im Voraus gem. §§ 433 II, 398 BGB abtreten. Der Vorbehaltskäufer wird zu diesem Zwecke ermächtigt, den Kaufpreis beim Dritten im eigenen Namen einzuziehen (**Einziehungsermächtigung**, §§ 362, 185 BGB).[103]

bb) Erweiterter Eigentumsvorbehalt

Von einem **erweiterten Eigentumsvorbehalt** spricht man, wenn sich ein Eigentumsvorbehalt nicht nur auf die konkrete

---

[102] *Wolf/Wellenhofer*, § 14 Rn. 47.
[103] *Wolf/Wellenhofer*, § 14 Rn. 61

Kaufpreisforderung gegen den Vorbehaltskäufer bezieht, sondern sich auch auf weitere Forderungen erstreckt.[104]

> Beispiel:
>
> *A ist Buchhändler. Er vereinbart mit dem B, dass alle Bücher im Eigentum des B bleiben, solange A noch offene Forderungen gegen ihn hat.*

Zulässig ist ein solcher Eigentumsvorbehalt allerdings nur bei Individualvereinbarung i.S.v. §§ 14, 310 I BGB. Wird der erweiterte Eigentumsvorbehalt in den AGB vereinbart, so verstößt er grds. gegen § 307 II Nr. 2 BGB. Der Käufer könnte sonst auch dann das Eigentum an einer einzelnen Kaufsache nicht erwerben, wenn er diese bereits bezahlt hat. Ausnahmen werden allerdings regelmäßig im kaufmännischen Bereich gemacht.[105]

cc) Weitergeleiteter Eigentumsvorbehalt

Beim **weitergeleiteten Eigentumsvorbehalt** wird der Vorbehaltskäufer vom Vorbehaltsverkäufer zur Weiterveräußerung der gelieferten Sache ermächtigt, unter der Bedingung, dass der Vorbehaltskäufer dem Dritten den Eigentumsvorbehalt offen legt und der Vorbehaltsverkäufer damit Vorbehaltseigentümer bleibt.[106]

5. Die Sicherungsübereignung

---

[104] *Vieweg/Werner*, § 11 Rn. 28.
[105] BGH NJW 1994, 1154; *Vieweg/Werner*, § 11 Rn. 29.
[106] *Vieweg/Werner* § 11 Rn. 32.

Mobiliarsachenrecht Kompakt

a) Begriff und Voraussetzungen

Eine **Sicherungsübereignung** ist ein Vertrag, durch den der Sicherungsgeber dem Sicherungsnehmer zur Sicherung einer Forderung das Eigentum an einer beweglichen Sache überträgt, mit der Verpflichtung zur Rückübertragung oder einer Vereinbarung des automatischen Zurückfallens des Eigentums bei Schulderfüllung.[107] Die Sicherungsübereignung ist gesetzlich nicht geregelt, stützt sich aber auf die §§ 929, 930 BGB.[108] Sie ist vom Reichsgericht entwickelt worden und heute gewohnheitsrechtlich anerkannt.[109]

Die Sicherungsübereignung

1. Einigung über die sicherungsweise Übertragung des Eigentums
2. Vereinbarung eines Besitzkonstituts gem. § 930 BGB in Gestalt der Sicherungsabrede
3. Hinreichende Bestimmtheit der erfassten Sachen
4. Einigsein
5. Berechtigung des Sicherungsgebers/gutgläubiger Erwerb, §§ 929 S. 1, 930, 933 BGB

---

[107] *Vieweg/Werner*, § 12 Rn. 1.
[108] *Wolf/Wellenhofer*, § 15 Rn. 2.
[109] RGZ 59, 146.

b) Abgrenzung zum Pfandrecht

Die Sicherungsübereignung hat im Gegensatz zum Pfandrecht den Vorteil, dass zwar das Eigentum an den Sicherungsgegenständen auf den Sicherungsnehmer übertragen wird, der Besitz jedoch beim Sicherungsgeber verbleibt. Der Sicherungsnehmer darf die Sache nur dann verwerten, wenn der Sicherungsgeber seinen Verpflichtungen nicht nachkommt.

c) Der Sicherungsvertrag

Der Sicherungsvertrag bildet die schuldrechtliche Grundlage für die Sicherungsübereignung.
Er wird regelmäßig formfrei und konkludent geschlossen. Bei Fehlen des Sicherungsvertrages bleibt die Sicherungsübereignung grundsätzlich dinglich wirksam, das Eigentum ist aber nach §§ 812 ff. BGB zurück zu gewähren.

(W) Auf den Sicherungsvertrag finden die allgemeinen Vorschriften der §§ 104ff. BGB Anwendung.

Mobiliarsachenrecht Kompakt

Das EBV

V. Das Eigentümer-Besitzer-Verhältnis

1. Überblick

In den Vorschriften der §§ 985ff. BGB sind die dinglichen Ansprüche zwischen Eigentümer und Besitzer geregelt (sog. **Eigentümer-Besitzer-Verhältnis**, kurz: EBV).

Der Herausgabeanspruch des § 985 BGB dient in erster Linie dazu, dem Eigentümer ein Abwehrrecht gegen unberechtigte Beeinträchtigungen seines Eigentums zu gewähren.[110]

In den Vorschriften der §§ 987ff. BGB wird wiederum das Rechtsverhältnis zwischen Eigentümer und Besitzer im Hinblick auf Nutzungen, Schadensersatz und Verwendungen geregelt.

2. Der Herausgabeanspruch aus § 985 BGB

Gem. § 985 BGB kann der Eigentümer vom Besitzer die Herausgabe der Sache verlangen, sofern dieser kein Recht zum Besitz hat, vgl. §§ 985, 986 I BGB.

---

[110] *Wolf/Wellenhofer*, § 21 Rn. 1.

Mobiliarsachenrecht Kompakt

Der Anspruch bezieht sich auf bewegliche sowie unbewegliche Sachen.[111]

Beim Vorliegen dieser Voraussetzungen spricht man auch von der sog. **Vindikationslage**.[112]

Herausgabeanspruch aus § 985 BGB

1. Eigentum des Anspruchsstellers
2. Besitz des Anspruchsgegners
3. Fehlendes Recht zum Besitz, § 986 BGB
4. Rechtsfolge: Herausgabe

---

a) Eigentum des Anspruchssteller

Der Anspruchssteller muss tatsächlich Eigentümer sein. Dafür sind sowohl die rechtsgeschäftlichen sowie gesetzlichen Erwerbstatbestände zu berücksichtigen.

Tipp: Die Ermittlung des Eigentümers erfolgt dabei in chronologischer Prüfung, d.h. alle Angaben die im Sachverhalt hinsichtlich der Eigentümerstellung erwähnt werden, sollten geprüft werden.

---

[111] *Prütting*, § 47 Rn. 513.
[112] Ihren Namen hat sie von der römischen **rei vindicatio**, die im römischen Recht den Eigentumsherausgabeanspruch regelte.

Mobiliarsachenrecht Kompakt

Beispiel:

A leiht B seinen Schönfelder. Weil B in Geldnot ist, verkauft er diesen an den ahnungslosen Erstsemester E. Als A das mitbekommt, verlangt er von E die Herausgabe des Schönfelders. Zu Recht?

A. *Anspruch des A gegen E aus § 985 BGB*

I. Vindikationslage, §§ 985, 986 BGB
Fraglich ist, ob A Eigentümer des Schönfelders ist.

> **1.** *Ursprünglich war A Eigentümer.*
>
> **2.** *Er könnte sein Eigentum daran jedoch verloren haben, indem B den C den Schönfelder wirksam veräußert hat.*
>> **a)** *B und E haben sich über den Eigentumserwerb geeinigt.*
>> **b)** *Eine Übergabe gem. § 929 S. 1 BGB liegt vor.*
>> **c)** *Zum Zeitpunkt der Übergabe waren sich beide weiterhin einig.*
>> **d)** *B müsste außerdem zur Veräußerung berechtigt gewesen sein. Berechtigt ist i.d.R. nur der Eigentümer. Zum Zeitpunkt der Verfügung war dies A. Folglich könnte das Eigentum nicht gem. § 929 S. 1 BGB übertragen werden.*
>
> **3.** *In Betracht kommt jedoch ein gutgläubiger Erwerb gem. §§ 929 S. 1, 932 BGB.*
>> **a)** *Eine Übereignung gem. § 929 S. 1 BGB liegt vor.*
>> **b)** *B ist auch nicht berechtigt.*

> *c)* E müsste gutgläubig gewesen sein. Nach der Legaldefinition des § 932 II BGB ist der Erwerber nicht im guten Glauben, wenn ihm bekannt oder grob fahrlässig unbekannt ist, dass der Veräußerer nicht der Eigentümer ist. E hatte keine Möglichkeit die Eigentümerstellung des B zu bezweifeln. Insbesondere gilt der Rechtsscheintatbestand des § 1006 I 1 BGB. Folglich war er nicht bösgläubig.
>
> *d)* Der gutgläubige Erwerb ist ausgeschlossen, wenn die bewegliche Sache dem Eigentümer abhanden gekommen ist, vgl. § 935 I BGB. Abhandenkommen ist der unfreiwillige Verlust des unmittelbaren Besitzes. Hier hat A dem B den Schönfelder freiwillig ausgeliehen und seinen unmittelbaren Besitz aufgegeben.
>
> *e)* Alle Voraussetzungen des gutgläubigen Erwerbs nach §§ 929 S. 1, 932 I S. 1 BGB liegen vor. Folglich hat E das Eigentum an dem Schönfelder erworben.
>
> *II.* Eine Vindikationslage liegt somit nicht vor.
>
> *B.* Ergebnis: Mangels Eigentum besteht kein Herausgabeanspruch des A gegen E.

Als Indiz für die Stellung als Eigentümer kann der Anspruchssteller § 1006 II BGB hinzuziehen.[113] Danach wird zugunsten eines früheren Besitzers vermutet, dass er während der Dauer seines Besitzes Eigentümer der Sache ge-

---

[113] *Lüke*, § 7 Rn. 267.

Mobiliarsachenrecht Kompakt

wesen sei. Dies hilft ihm allerdings nur weiter, wenn er die Eigentumsvermutung des aktuellen Besitzers gem. § 1006 I 1 BGB widerlegen kann.

Auch der **Miteigentümer** hat einen Anspruch auf Herausgabe aus § 985 BGB. Er kann dabei die Einräumung seines **Mitbesitzes** als auch die Herausgabe der ganzen Sache fordern. Bei Letzterem darf er die Leistung jedoch nicht allein, sondern muss Leistung an alle Miteigentümer gemeinschaftlich verlangen, vgl. § 432 I BGB.

b) Besitz des Anspruchsgegners

Der Anspruch richtet sich nur gegen den gegenwärtigen Besitzer. Ob er dabei unmittelbarer oder mittelbarer Besitzer ist, ist irrelevant. Richtet sich der Anspruch gegen den mittelbaren Besitzer, kann der Eigentümer nach h.M. wahlweise Herausgabe des mittelbaren Besitzes oder Abtretung des Herausgabeanspruchs (§ 870 BGB) verlangen.[114]

Ein **Besitzdiener** dagegen ist kein Besitzer i.S.d. § 985 BGB.

c) Fehlendes Recht zum Besitz

Sofern der Besitzer dem Eigentümer ein wirksames Recht zum Besitz entgegenhalten kann, besteht kein Herausgabeanspruch aus § 985 BGB, vgl. § 986 I BGB. § 986 BGB enthält folglich eine Einwendung des rechtmäßigen Besitzers.

Das Recht auf Besitz i.S.d. § 986 BGB kann sich z.B. ergeben aus:

---

[114] *Wolf/Wellenhofer*, § 21 Rn. 18; Palandt-*Bassenge*, § 985 Rn. 9

Mobiliarsachenrecht Kompakt

- dinglichen Rechten (z.B. *Nießbrauch, § 1036 BGB* und *Pfandrecht, § 1204 BGB*)
- relativen Rechten (z.B. *Miete, Leihe, Kauf*)
- Besitzrechten kraft Gesetz (z.B. *Mitbesitzrecht aufgrund von Sorgerecht, § 1626 I BGB*)
- Anwartschaftsrechten

Bei einem Eigentümerwechsel kann gem. § 986 II BGB das Recht zum Besitz auch dem neuen Eigentümer entgegen gehalten werden.

Beispiel:

A hat dem B sein StGB für die Klausurenzeit geliehen. In dieser Mietzeit verkauft A den Gesetzestext allerdings an C. C braucht diesen auch für seine Klausuren und verlangt daher von B Herausgabe des StGB nach § 985 BGB. B kann sich allerdings gem. § 986 II BGB gegenüber C darauf berufen, dass die Mietzeit aus dem Mietvertrag mit A noch nicht abgelaufen ist.

(P) Strittig ist, ob das **Zurückbehaltungsrecht** aus § 273 BGB ein Recht zum Besitz begründet:

- e.A.: (+) denn Einwendungen aus § 986 BGB können auch solche aus Schuldverhältnissen sein und außerdem sei die Geltendmachung eines Anspruchs aus § 985 BGB ohne Rücksicht auf einen bestehenden Gegenanspruch, der auf Gegenseitigkeit beruht, ein Verstoß gegen Treu und Glauben.[115]

- h.M.: (-), denn würde das Zurückbehaltungsrecht ein echtes Recht zum Besitz begründen, würde damit

---

[115] BGHZ 64, 122, 124, BGH NJW 1995, 2627, 2628.

Mobiliarsachenrecht Kompakt

streng genommen, der Herausgabeanspruch entfallen und dadurch die Voraussetzung der Gegenseitigkeit zerstört werden und so seine eigene Wirksamkeit zerstören.[116] Außerdem schützt es ja auch nicht das Besitzinteresse, sondern sichert nur die Erfüllung von Ansprüchen Zug um Zug.[117]

> **(P)** Fehlt dem sog. Nicht-so-berechtigten Besitzer das Recht zum Besitz? Beispiel: *Unerlaubtes Untervermieten*

- e.A.: (+), denn in diesem Umfang fehle es eben an einem Recht zum Besitz.[118]

- h.M.: (-), Grenze zwischen Besitzmittlungsverhältnis und EBV werde sonst verwischt; Ersteres regele grds. auch den Ausgleich, sodass die §§ 985ff. BGB nicht anzuwenden seien.[119] Eine Ausnahme könne nur gemacht werden, wenn das Kausalgeschäft nichtig sei und ein vermeintliches Besitzrecht überschritten wurde.[120]

> **(P)** Liegt ein EBV bei einem sog. angemaßten Eigenbesitz vor, d.h. wenn sich der ursprünglich berechtigte Fremdbesitzer einen Eigenbesitzerwillen anmaßt?

→ BGH: In diesem Vorgang liege zwar ein wesensgleicher Vorgang zum Besitzerwerb, allerdings sei der Eigentümer durch deliktische und vertragliche Haftungsnormen ausrei-

---

[116] *Wolf/Wellenhofer*, § 21 Rn. 28; Palandt-*Bassenge*, § 986 Rn. 5.
[117] *Wolf/Wellenhofer*, § 21 Rn. 28.
[118] *Lüke*, § 8 Rn. 290.
[119] MüKo-*Baldus*, Vor §§ 987-1003 Rn. 14ff.; *Lüke*, § 8 Rn. 290.
[120] *Lüke*, § 8 Rn. 290.

chend geschützt, sodass die Vorschriften des EBV nicht zur Anwendung kommen würden.[121]

Ein **abgeleitetes Besitzrecht** kann auch ein Dritter als unmittelbarer Besitzer dem Eigentümer entgegenhalten. Unter einem abgeleiteten Besitzrecht versteht man, dass der unmittelbare Besitzer sein Besitzrecht von einem Dritten ableitet, welcher zum Besitz berechtigt ist.[122] Ist dies der Fall, kann der Eigentümer nicht den Besitz von dem Dritten herausverlangen.

Bei einem **Eigentümerwechsel** muss der rechtmäßige Besitzer jedoch weiterhin geschützt werden. Daher kann der Besitzer gem. § 986 II BGB dem neuen Eigentümer die gleichen Einwendungen entgegenhalten, die ihm gegenüber dem bisherigen Eigentümer zustanden.

d) Rechtsfolge: Herausgabe

Sind die Voraussetzungen des § 985 BGB erfüllt, entsteht zwischen Eigentümer und Besitzer ein **gesetzliches Schuldverhältnis**, was zur sorgfältigen Abwicklung verpflichtet und auf das die Regeln des allgemeinen Schuldrechts Anwendung finden. Das heißt beispielsweise, dass daraus Nebenpflichten entstehen, deren Verletzung zu einem Schadensersatzanspruch aus § 280 I BGB führen kann oder die Regelung des Leistungsort nach § 269 BGB ein greift

(W) Auf den Anspruch aus § 985 BGB selbst finden die Regeln des allgemeinen Schuldrechts - anders als bei den Vorschriften über Schadens- und Nutzungsersatz - keine Anwendung. Klausurrelevant in diesem Zusammenhang ist

---

[121] BGHZ 31, 129, 134.
[122] *Lüke*, § 7 Rn. 284.

Mobiliarsachenrecht Kompakt

insbesondere die Frage, ob § 285 BGB auf § 985 BGB Anwendung findet.

> Beispiel:
>
> B hat sich vom nicht erkennbar Minderjährigen M die Playstation geliehen. Als die Eltern des M die Playstation von B zurückfordern, eröffnet dieser ihnen kleinlaut, dass er diese für 300 € an einen Fremden (F) verkauft hat. Der Fremde wusste allerdings, dass die Playstation eigentlich dem M gehörte. Fraglich ist, ob gegen B ein Herausgabeanspruch hinsichtlich des Erlöses i.H.v. 300 € aus §§ 985, 285 BGB besteht.
> Nach heute ganz h.M. ist § 285 BGB auf § 985 BGB nicht anwendbar. Der Anspruchssteller würde einerseits sein Eigentum behalten und andererseits ebenso den Erlös über § 816 erhalten.[123] Er würde damit unangemessen besser gestellt werden als der Anspruchsgegner, der den Erlös herausgeben und auch noch mit einer möglichen Rechtsmangelhaftung nach §§ 435, 437 gegenüber F rechnen muss.[124] Ferner handelt es sich bei dem Veräußerungserlös nach § 285 BGB um ein Eigentumssurrogat und nicht um ein Besitzsurrogat.[125] Auf § 985 BGB ist § 285 BGB somit nicht anwendbar. Als dinglicher Anspruch gegenüber jedermann ist er kein Schuldverhältnis, dieses wird erst durch die Voraussetzungen der Vindikationslage begründet.

e) Verjährung

Der Anspruch aus § 985 BGB verjährt gemäß § 197 I Nr. 2 BGB in 30 Jahren.

---

[123] *Prütting*, § 48 Rn. 548.
[124] *Prütting*, § 48 Rn. 548.
[125] *Prütting*, § 48 Rn. 548.

f) Konkurrenzen

Vertragliche Herausgabepflichten (z.B. aus § 546 I BGB) werden nach h.M. von § 985 BGB nicht verdrängt.[126]

Gesetzliche Ersatzansprüche (z.B. aus §§ 812, 823, 1007 BGB) können ebenso neben dem Herausgabeanspruch aus § 985 BGB geltend gemacht werden.

3. Nebenansprüche des Eigentümers

a) Überblick

Kommt es zu einem Schaden an der herauszugebenden Sache oder hat sie Nutzungen (§ 100 BGB) abgeworfen, wird dem Eigentümer der bloße Herausgabeanspruch aus § 985 BGB nicht genügen.

Gleichzeitig muss jedoch auch die mögliche Gutgläubigkeit des Besitzers berücksichtigt werden, sodass man ihm nicht für jeden Schaden verantwortlich machen sowie alle Nutzungen entziehen kann.

Die Ansprüche finden ihre Grundlage in dem EBV. Zwar sind sie im Abschnitt des Sachenrechts geregelt, dennoch wirken sie nicht gegenüber jedermann, sondern nur zwischen dem Eigentümer und Besitzer und sind somit schuldrechtlicher Natur.[127] Das EBV ist folglich ein gesetzliches Schuldverhältnis.

---

[126] *Wolf/Wellenhofer*, § 21 Rn. 33; Palandt-*Bassenge*, § 985 Rn. 1.
[127] *Wolf/Wellenhofer*, § 21 Rn. 31.

Mobiliarsachenrecht Kompakt

Anspruchsbezeichnung	Anspruchsgrundlage
Anspruch auf Ersatz gezogener Nutzungen nach Rechtshängigkeit	§ 987 I BGB
Anspruch auf Ersatz gezogener Nutzungen bei Bösgläubigkeit	§§ 987 I, 990 I BGB
Anspruch auf Ersatz nicht gezogener Nutzungen nach Rechtshängigkeit	§ 987 II BGB
Anspruch auf Ersatz nicht gezogener Nutzungen bei Bösgläubigkeit	§ 987 II, 990 I BGB
Anspruch auf Nutzungsherausgabe beim unentgeltlichen Besitzerwerb des gutgläubigen Besitzers	§ 988 BGB
Anspruch auf Nutzungsherausgabe des gutgl. Besitzers bei Übermaßfrüchten	§ 993 I BGB

Mobiliarsachenrecht Kompakt

Anspruchsbezeichnung	Anspruchsgrundlage
Anspruch auf Schadensersatz bei Bösgläubigkeit	§§ 989, 990 I BGB
Anspruch auf Schadensersatz gegen den Besitzmittler	§ 991 II BGB
Beseitigungs- und Unterlassungsanspruch	§ 1004 BGB

b) Bösgläubigkeit und Rechtshängigkeit

Das BGB stuft in diesem Fall die Ansprüche des Eigentümers und die Rechte des Besitzers danach ab, ob der Besitzer bei Besitzerwerb bösgläubig war und ob es um die Zeit vor oder nach Eintritt der Rechtshängigkeit des Eigentumsanspruchs geht.

aa) Bösgläubigkeit

Ist der Besitzer bei Besitzerwerb im bösen Glauben, so haftet er ab dem Zeitpunkt des Erwerbs (= **anfängliche Bösgläubigkeit**), vgl. § 990 I 1 BGB.
Ausreichend ist, dass er grob fahrlässig verkennt, dass er nicht zum Besitz berechtigt ist.[128]

---

[128] *Wolf/Wellenhofer*, § 22 Rn. 6.

Mobiliarsachenrecht Kompakt

Ist der Besitzer dagegen bei Besitzerwerb gutgläubig, so haftet er erst ab dem Zeitpunkt, an dem er positive Kenntnis von seinem fehlenden Besitzrecht bekommt (= **nachträgliche Bösgläubigkeit**), vgl. § 990 I 2 BGB. Grobe Fahrlässigkeit reicht hier nicht aus. Eine positive Kenntnis ist allerdings bereits dann zu bejahen, wenn dem Besitzer Umstände bekannt sind, die ohne Zweifel auf ein fehlendes Besitzrecht hindeuten.[129]

bb) Rechtshängigkeit

Ist der Besitzer nicht im bösen Glauben, haftet er jedoch spätestens ab Eintritt der **Rechtshängigkeit**.

Die Rechtshängigkeit tritt ein, sobald der Eigentümer vor Gericht Klage gegen den Besitzer erhoben hat. Voraussetzung dafür ist, dass die Klage dem Besitzer zugestellt worden ist, vgl. §§ 261 I, 253 I ZPO.[130]

cc) Hilfspersonen

(P) Strittig ist, auf wessen Wissen oder grob fahrlässiges Nichtwissen abzustellen ist, wenn sich der Besitzer einer Hilfsperson bedient:

- BGH: geht generell von einer Wissenszurechnung der Hilfsperson analog § 166 I BGB aus.[131]

---

[129] BGHZ 32, 76, 92.
[130] *Wolf/Wellenhofer*, § 22 Rn. 5.
[131] *Wolf/Wellenhofer*, § 22 Rn. 10.

- a.A.: § 831 I BGB werde analog angewandt, weil eine unrechtmäßige Ergreifung des Besitzes mit einer unerlaubten Handlung vergleichbar sei.[132]

- w.A.: § 166 I BGB analog, wenn der Besitzer die für ihn handelnde Person bevollmächtigt habe und § 831 I BGB analog, wenn die Besitzerlangung nicht im Zusammenhang mit einem Rechtsgeschäft stehe.[133]

c) Ansprüche auf Nutzungsherausgabe

aa) Anspruch aus § 987 I BGB

Nach Rechtshängigkeit oder Bösgläubigkeit hat der Besitzer gezogene Nutzungen (§ 100 BGB) an den Eigentümer herauszugeben.

Anspruch auf Nutzungsherausgabe gem. § 987 I BGB

1. Vindikationslage
2. Ziehung von Nutzungen durch den Besitzer
3. Nach Rechtshängigkeit (§ 987 I BGB) oder nach Eintritt der Bösgläubigkeit (§ 990 I BGB)
4. Rechtsfolge: Herausgabe der Nutzungen oder Wertersatz

---

[132] *Roth*, JuS 1997, 710, 711; *Lücke* § 8 Rn. 295.
[133] *Wolf/Wellenhofer*, § 22 Rn. 10.

bb) Anspruch aus § 987 II BGB

§ 987 I BGB regelt wie oben dargestellt den Fall von gezogenen Nutzungen. Nicht gezogene Nutzungen sind dagegen grds. nicht zu ersetzen.

Eine Ausnahme macht § 987 II BGB allerdings für den Fall, dass der Besitzer vorsätzlich oder fahrlässig Nutzungen, die er nach den Regeln einer ordnungsmäßigen Wirtschaft hätte ziehen können, nicht gezogen hat. In diesem Fall muss er gem. § 987 II BGB Ersatz leisten.

Anspruch auf Ersatz nicht gezogener Nutzungen gem. § 987 II BGB

1. Vindikationslage
2. Keine Ziehung von Nutzungen durch den Besitzer,
3. die nach ordnungsmäßiger Wirtschaft hätten gezogen werden können
4. Nach Rechtshängigkeit (§ 987 II BGB) oder nach Eintritt der Bösgläubigkeit (§ 990 I BGB)
5. Rechtsfolge: Wertersatz

---

cc) Anspruch aus § 988 BGB

Der gutgläubige Besitzer muss grds. nicht haften. Eine Ausnahme macht allerdings § 988 BGB für den Fall, dass der gutgläubige Besitzer den Besitz **unentgeltlich** erlangt hat. In diesem Fall muss auch der gutgläubige Besitzer Nutzungen nach den Vorschriften des Bereicherungsrechts herausgeben.

Anspruch auf Nutzungsherausgabe beim unentgeltlichen Besitzerwerb des gutgläubigen Besitzers, § 988 BGB

1. Vindikationslage
2. Ziehung von Nutzungen
3. Unentgeltlicher Besitzerwerb
4. Besitzer ist redlich und unverklagt
5. Rechtsfolge: Herausgabe der Nutzungen oder Wertersatz

---

dd) Anspruch aus § 993 I BGB

Eine weitere Ausnahme vom Schutz des gutgläubigen Besitzers macht § 993 I BGB in dem Fall, dass der Besitzer eine Fruchtziehung im Übermaß (= entgegen einer ordnungsgemäßen Wirtschaft) vorgenommen hat.[134] Der gutgläubige Besitzer muss dann alle tatsächlich gezogenen Früchte (§ 99 BGB), die nicht als Ertrag anzusehen sind, dem Eigentümer herausgeben.[135]

---

[134] *Wolf/Wellenhofer*, § 22 Rn. 21.
[135] *Wolf/Wellenhofer*, § 22 Rn. 21.

Mobiliarsachenrecht Kompakt

Anspruch auf Nutzungsherausgabe des gutgläubigen Besitzers bei Übermaßfrüchten, § 993 I BGB

1. Vindikationslage
2. Ziehung von Nutzungen im Übermaß
3. Besitzer ist redlich und unverklagt
4. Rechtsfolge: Herausgabe der Nutzungen oder Wertersatz

---

4. Ansprüche auf Schadensersatz

Neben dem Anspruch auf Nutzungsherausgabe, kann der Eigentümer, sofern die Sache zu Schaden gekommen ist, einen Schadensersatzanspruch geltend machen.

a) Schadensersatzanspruch aus § 989 BGB bei Rechtshängigkeit oder Bösgläubigkeit

Nach Rechtshängigkeit (§ 989 BGB) oder Bösgläubigkeit (§ 990 I i.V.m. § 989 BGB) haftet der Besitzer bei Verschlechterung, Untergang oder sonstiger Unmöglichkeit der Herausgabe der Sache auf Schadensersatz.

Anspruch auf Schadensersatz nach Rechtshängigkeit aus § 989 BGB/§ 990 I i.V.m. § 989 BGB

1. Vindikationslage

> 2. Verschlechterung, Untergang oder sonstige Unmöglichkeit der Herausgabe
> 3. Nach Rechtshängigkeit (§ 989 BGB) oder nach Eintritt der Bösgläubigkeit (§ 990 I BGB)
> 4. Verschulden, §§ 276ff. BGB
> 5. Rechtsfolge: Schadensersatz

(1) Verschlechterung, Untergang oder sonstige Unmöglichkeit der Herausgabe

Eine **Verschlechterung** liegt bei jeder körperlichen Beschädigung und jeglicher Beeinträchtigung der Funktionstauglichkeit der Sache vor, die durch eine nicht ordnungsgemäße Behandlung, Unterhaltung oder als Abnutzung durch den normalen Gebrauch eingetreten ist.[136]

Als **Untergang** bezeichnet man jeglichen Verlust der rechtlichen Selbstständigkeit der Sache (§§ 946ff. BGB) sowie ihre physische Vernichtung.[137]

Eine **sonstige Unmöglichkeit** liegt bei jedem sonstigen die Herausgabe vereitelnden Besitzverlust beim Anspruchsgegner vor (z.B. Besitzweitergabe an einen Dritten).[138]

---

[136] *Wolf/Wellenhofer*, § 22 Rn. 26.
[137] *Wolf/Wellenhofer*, § 22 Rn. 26.
[138] *Wolf/Wellenhofer*, § 22 Rn. 26.

Mobiliarsachenrecht Kompakt

(2) Verschulden

Das **Verschulden** bzgl. der Verschlechterung, des Untergangs oder der sonstigen Unmöglichkeit richtet sich nach dem Verschuldensmaßstab des § 276 BGB.[139]
Für die Zurechnung des Verschuldens von Dritten wird dementsprechend § 278 BGB herangezogen.

(3) Schaden

Die Art und Weise der Schadensersatzleistung richtet sich nach den §§ 249ff. BGB.[140]

Der zu ersetzende Schaden muss in einem inneren Zusammenhang (=Kausalität) mit der Verschlechterung, den Untergang oder der sonstigen Unmöglichkeit stehen.[141]

b) Anspruch auf Schadensersatz gegen den Besitzmittler gem. § 991 II BGB

Der Schadensersatzanspruch aus § 991 II BGB richtet sich gegen den redlich, unverklagten Besitzer, der gleichermaßen Besitzmittler eines Dritten ist.

> Beispiel:
>
> *A ist in dem Glauben eine Wohnung geerbt zu haben und vermietet diese an B. Tatsächlich ist aber sein unehelicher Bruder C Erbe und Eigentümer. Eines Tages beschädigt B aufgrund es Wutanfalls die Wohnungstür. In diesem Fall kann auch C von B Schadensersatz gem. § 991 II verlangen,*

---

[139] *Vieweg/Werner*, § 8 Rn. 22.
[140] *Wolf/Wellenhofer*, § 22 Rn. 29.
[141] *Lücke*, § 8 Rn. 302.

Mobiliarsachenrecht Kompakt

> *weil auch A gegen B einen Anspruch auf Schadensersatz aus dem Mietverhältnis hätte.*

Schadensersatzanspruch gegen den Besitzmittler aus § 991 II BGB

1. Vindikationslage
2. Unmittelbarer Besitzer ist Besitzmittler eines Dritten
3. Gutgläubig und unverklagt
4. Verschlechterung, Untergang oder sonstige Unmöglichkeit der Herausgabe, § 989 BGB
5. Verantwortlichkeit des unmittelbaren Besitzers gegenüber dem mittelbaren Besitzer für den in § 989 bezeichneten Schaden
6. Rechtsfolge: Schadensersatz

c) Verschärfte Haftung des § 992 BGB

Hat der Besitzer den Besitz durch verschuldete **verbotene Eigenmacht** (§ 858 I BGB) oder durch eine **Straftat** (z.B. *Diebstahl, § 242 StGB*) erlangt, sieht § 992 BGB eine verschärfte Haftung vor. Der Besitzer haftet dann in vollem Umfang nach den §§ 823ff. BGB. In diesem Fall tritt dann darüber hinaus eine Haftung für einen nicht vom Besitzer zu vertretenen Untergang oder einer zufälligen Verschlechterung der Sache ein, vgl. § 848 BGB.

Mobiliarsachenrecht Kompakt

Die §§ 987ff. BGB bleiben allerdings daneben anwendbar.

(W) § 992 BGB selbst ist dennoch keine eigene Anspruchsgrundlage, sondern hebt lediglich die Sperrwirkung (s.u.) gegenüber der §§ 823ff. BGB auf und stellt eine **Rechtsgrundverweisung** dar, sodass die jeweiligen Tatbestandsvoraussetzungen der Anspruchsgrundlage zusätzlich geprüft werden müssen.[142]

Beispiel für § 823 I BGB:

Schadensersatzanspruch aus §§ 992, 823 I BGB

---

1. Vindikationslage
2. Besitzerwerb durch verschuldete verbotene Eigenmacht
3. Voraussetzungen des § 823 I BGB

    a) Tatbestand

        aa) Rechtsgutverletzung

        bb) Verletzungshandlung

        cc) Kausalität

    b) Rechtswidrigkeit

    c) Verschulden

    d) Schaden

4. Rechtsfolge: Schadensersatz

---

[142] *Wolf/Wellenhofer*, § 22 Rn. 32.

5. Beseitigungs- und Unterlassungsanspruch aus § 1004 BGB

Anders als § 985 BGB, der dem Eigentümer die Herausgabe des Besitzes ermöglicht, betrifft § 1004 BGB alle anderen Formen der Beeinträchtigung des Eigentums, ohne dass dieses dabei entzogen oder vorenthalten wird.

Durch § 1004 BGB kann sich der Eigentümer gegen bereits geschehene und noch existente Beeinträchtigungen (§ 1004 I 1 BGB) oder gegen bevorstehende drohende Beeinträchtigungen (§ 1004 I 2 BGB) wehren.

Die Störung kann dabei vom Störer selbst (**Handlungsstörer**) oder von eine in seinem Eigentum, Besitz oder unter seiner Verfügungsbefugnis stehenden Sachen (**Zustandsstörer**) ausgehen.[143]

Duldungspflichten können sich sowohl aus vertraglichen, relativen sowie gesetzlichen Rechten und Pflichten ergeben.

Beseitigungs- und Unterlassungsanspruch aus § 1004 BGB
1. Eigentum des Anspruchsstellers
2. Bestehende/drohende Beeinträchtigung des Eigentums
3. Störer als Anspruchsgegner
4. Keine Duldungspflicht des Eigentümers, § 1004 II
5. Rechtsfolge: Anspruch auf Beseitigung/Unterlassung

---

[143] *Wolf/Wellenhofer*, § 24 Rn. 16, 18.

Mobiliarsachenrecht Kompakt

6. Ansprüche und Rechte des Besitzers

a) Überblick

§§ 994ff. BGB regeln, ob und wieweit der Besitzer Ersatz für seine Verwendungen verlangen kann. Daneben steht ihm ein Wegnahmerecht aus § 997 BGB zu.

Bezeichnung	Anspruchsgrundlage
Ersatz **notwendiger** Verwendungen bei **Gutgläubigkeit**	§ 994 I 1 BGB
Ersatz **notwendiger** Verwendungen **nach Rechtshängigkeit** oder **Bösgläubigkeit**	§§ 994 II, 683 S. 1, 670 BGB
Ersatz **nützlicher** Verwendungen	§ 996 BGB
Wegnahmerecht	§ 997 BGB

b) Begriff der Verwendung

Verwendungen sind freiwillige Aufwendungen des Besitzers, also Vermögensleistungen für die Sache, damit diese

Mobiliarsachenrecht Kompakt

für die weitere Nutzung in ihrem Bestand bestehen bleibt oder ihr Zustand verbessert wird.

> Beispiel: *Ärztliche Versorgung eines Pferdes.*

> **(P1)** Umstritten ist, ob auch Umgestaltungen, welche die Zweckbestimmung der Sache verändern, Verwendungen i.S.d. §§ 994ff. BGB darstellen:

- Enger Verwendungsbegriff: Verwendungen seien nur solche Maßnahmen, die die Sache erhalten oder verbessern ohne sie umzugestalten

- Weiter Verwendungsbegriff: Verwendungen seien alle vermögenswerten Maßnahmen, selbst wenn dadurch die Zweckbestimmung der Sache verändert wird.

> **(P2)** Sind Eigenarbeiten nach § 994 BGB ersatzfähig?

→ BGH: Ja, entscheidend ist, ob die Arbeitsleistung einen Vermögenswert darstellt, den der Besitzer geopfert hat.[144]

> Beispiel: *A ist ein Automechaniker. Nachdem er ein KFZ erworben hat, erbringt er eine Vielzahl von Erhaltungsaufwendungen in Eigenarbeit.*

c) Ersatz notwendiger Verwendungen bei Gutgläubigkeit, § 994 I 1 BGB

Sollte der gutgläubige Besitzer vor Rechtshängigkeit notwendige Verwendungen gemacht haben, kann er für diese gem. § 994 I 1 BGB vom Eigentümer Ersatz verlangen.

---

[144] BGHZ 131, 224.

Mobiliarsachenrecht Kompakt

Gewöhnlichen Erhaltungskosten sind ihm jedoch für die Zeit, für welche ihm die Nutzungen verbleiben, nicht zu ersetzen, § 994 I 2 BGB.

> Beispiel:
>
> *Der gutgläubige Besitzer kann nicht die Inspektionskosten für ein Auto verlangen, dafür aber die Kosten für die Beseitigung eines großen Kratzers im Lack.*

Anspruch auf Verwendungsersatz aus § 994 I 1 BGB

1. Vindikationslage
2. Vornahme einer notwendigen Verwendung
3. Zum Zeitpunkt vor Rechtshängigkeit und Bösgläubigkeit
4. Rechtsfolge: Ersatz der Verwendungen, §§ 1001ff. BGB

d) Ersatz notwendiger Verwendungen nach Rechtshängigkeit oder Bösgläubigkeit, §§ 994 II, 683 S. 1, 670 BGB

Macht der Besitzer nach dem Eintritt der Rechtshängigkeit oder der Bösgläubigkeit notwendige Verwendungen, so bestimmt sich die Ersatzpflicht des Eigentümers hingegen nach den Vorschriften über die Geschäftsführung ohne Auftrag, § 994 II BGB.

Dabei handelt es sich um eine (Teil-) Rechtsgrundverweisung wie das Aufbauschema deutlich macht[145]:

---

[145] *Wolf/Wellenhofer*, § 23 Rn. 9.

Mobiliarsachenrecht Kompakt

Anspruch auf Verwendungsersatz aus §§ 994 II, 683 S.1, 670 BGB

1. Vindikationslage
2. Vornahme einer notwendigen Verwendung
3. Zum Zeitpunkt nach Rechtshängigkeit oder Bösgläubigkeit
4. Im Interesse des Eigentümers und entsprechend seines wirklichen oder mutmaßlichen Willens (§ 683 S. 1 BGB) oder Genehmigung des Eigentümers §§ 683, 684 S. 2
5. Rechtsfolge: Ersatz der Aufwendungen gem. § 670 BGB

Sofern die Voraussetzungen des §§ 683, 684 S. 2 BGB nicht vorliegen, ist der Geschäftsherr verpflichtet, dem Geschäftsführer alles, was er durch die Geschäftsführung erlangt, nach den Vorschriften über die Herausgabe einer ungerechtfertigten Bereicherung (insb. § 818 III BGB) herauszugeben, § 994 II i.V.m. § 684 S. 1 BGB.

e) Ersatz nützlicher Verwendungen, § 996 BGB

Für lediglich nützliche, aber nicht notwendige Verwendungen kann der Besitzer nur Ersatz verlangen, soweit sie vor Rechtshängigkeit und Bösgläubigkeit getätigt worden sind.

Der Umfang des Wertersatzes ist allerdings auf die Wertsteigung der Sache durch die Verwendungen begrenzt, vgl. § 996 BGB. Der Wert richtet sich dabei nach dem objektiven Wert der Sache.

Mobiliarsachenrecht Kompakt

> **Anspruch auf Ersatz nützlicher Verwendungen, § 996 BGB**
>
> 1. Vindikationslage
> 2. Vornahme einer nützlichen Verwendung
> 3. Zum Zeitpunkt vor Rechtshängigkeit oder Bösgläubigkeit
> 4. Werterhöhung der Sache durch Verwendung
> 5. Rechtsfolge: Ersatz der Verwendungen

f) Umfang des Verwendungsersatzanspruchs

(P) Hinsichtlich des Verwendungsersatzanspruchs des Besitzers stellt sich die Frage, zu welchem Zeitpunkt die Verwendungen gemacht worden sein müssen, um Teil des Verwendungsersatzanspruches zu sein?

→ Nach dem BGH steht dem nichts entgegen, wenn die Verwendungen zu einem Zeitpunkt gemacht worden sind, als noch ein Besitzrecht bestand und folglich keine Vindikationslage vorlag. Notwendig ist nur, dass bei Geltendmachung der Ansprüche die Vindikationslage gegeben war.[146] Diese Auffassung des BGH ist nachvollziehbar, wenn das Vertragsverhältnis, welches zum Besitz berechtigte, keinen Verwendungsersatz vorsieht (s.u. Konkurrenzen). In diesem Fall sind die Voraussetzungen einer GoA (§§ 677ff. BGB) nicht unbedingt gegeben, sodass ein Bedürfnis für die Anwendung der §§ 994ff. BGB besteht.

---

[146] BGHZ 34, 122, 131; a.A. *Roth*, JuS 1997, 518, 521.

g) Geltendmachung der Verwendungsersatzansprüche

aa) Allgemein

Der Besitzer kann seine Ansprüche auf Verwendungsersatz grds. nur geltend machen, wenn der Eigentümer den unmittelbaren oder mittelbaren Besitz bereits wieder erlangt hat, der Anspruch aus § 985 BGB demnach erfüllt wurde oder wenn der Eigentümer die Verwendungen genehmigt (§ 184 BGB) hat, vgl. § 1001 S. 1 BGB.[147]

Die Genehmigung gilt gem. § 1001 S. 3 BGB zumindest dann als erteilt, wenn der Eigentümer die ihm von dem Besitzer unter Vorbehalt des Anspruchs angebotene Sache annimmt.

bb) Erlöschen des Verwendungsersatzanspruchs

Sofern der Besitzer die Sache dem Eigentümer herausgibt, erlischt gem. § 1002 I BGB der Anspruch auf Verwendungsersatz bei beweglichen Sachen mit dem Ablauf eines Monats nach der Herausgabe, wenn nicht vorher die gerichtliche Geltendmachung erfolgt oder der Eigentümer die Verwendungen genehmigt.

cc) Verwendungsersatzansprüche von Dritten

Der Besitzer kann auch gegen den Eigentümer Verwendungsersatzansprüche geltend machen, wenn das Vertragsverhältnis nicht unmittelbar mit ihm, sondern mit einem Dritten bestanden hat.[148]

---

[147] *Wolf/Wellenhofer*, § 23 Rn. 14.
[148] *Wolf/Wellenhofer*, § 23 Rn. 23.

Mobiliarsachenrecht Kompakt

> Beispiel:
>
> *A hat seine Wohnung an B vermietet. B hat diese an C weitervermietet. Kurz nach seinem Einzug lässt C das fleckige Parket im Wohnzimmer aufwendig abziehen, damit es wieder strahlend schön und ohne Flecken den imposanten Raum noch mehr zur Geltung bringt. Dabei handelte er im eigenen Interesse. Kurz darauf kündigt A dem B den Mietvertrag und verlangt anschließend von C Herausgabe der Wohnung.*
> *In diesem Fall muss C die Wohnung nur Zug um Zug gegen Ersatz seiner Verwendungen herausgeben, § 1000 S. 1 BGB. Trotz des Mietvertrags mit B kann sich C gegen A richten, denn als gutgläubiger Besitzer muss er die von ihm in ihrem Wert gestiegene Wohnung nicht ersatzlos herausgeben.*
>
> Gem. § 999 I BGB kann der Besitzer für die Verwendungen eines Vorbesitzers, dessen Rechtsnachfolger er geworden ist, in demselben Umfang Ersatz verlangen, in welchem ihn der Vorbesitzer fordern könnte, wenn er die Sache herauszugeben hätte.
> Nach § 999 II BGB erstreckt sich die Verwendungsersatzpflicht des Eigentümers auch auf Verwendungen, die gemacht worden sind, bevor er das Eigentum erworben hat.

dd) Zurückbehaltungsrecht nach § 1000 BGB

Nach § 1000 S. 1 BGB steht dem Besitzer eine Art Zurückbehaltungsrecht zu, indem er den Anspruch auf Verwendungsersatz **Zug um Zug** gegen die Herausgabe der Sache gem. § 985 BGB geltend machen kann, es sei denn, dass er die Sache durch eine unerlaubte Handlung erlangt hat, § 1000 S. 2 BGB.

Mobiliarsachenrecht Kompakt

h) Das Wegnahmerecht aus § 997 BGB

Das Wegnahmerecht des § 997 BGB gewährt dem Besitzer die Möglichkeit eine Sache, die er mit der Hauptsache des Eigentümers als wesentlichen Bestandteil verbunden hat, abzutrennen und sich anzueignen.

Das Recht zur Abtrennung ist allerdings gem. § 997 II BGB ausgeschlossen, wenn der Besitzer nach § 994 I 2 BGB für die Verwendung keinen Ersatz verlangen kann oder die Abtrennung für ihn keinen Nutzen hat oder ihm mindestens der Wert ersetzt wird, den der Bestandteil nach der Abtrennung für ihn haben würde.

7. Konkurrenzen

Die Konkurrenzproblematik bei dem Eigentümer-Besitzer-Verhältnis ist ein häufig gestelltes Problem in Jura-Klausuren. Vieles ist dabei umstritten. Um dieser Problematik entgegenzutreten ist insbesondere eine systematische Prüfungsreihenfolge unumgänglich, um die Konkurrenzproblematik strukturiert aufzubereiten.

a) Grundsatz

Die Vorschriften des EBV regeln gem. § 993 I 1 Hs. 2 BGB abschließend die Ansprüche zwischen Eigentümer und Besitzer. Das bedeutet, dass weitergehende Anspruchsnormen von den §§ 987ff. BGB grds. verdrängt werden (sog. **Abschlussfunktion** oder **Sperrwirkung** des EBV).

(W) Die Auslösung der Abschlussfunktion erfordert lediglich, dass eine Vindikationslage gegeben ist. Das heißt, es muss kein Anspruch aus §§ 987ff. BGB vorliegen. Relevant ist dies insbesondere bei dem gutgläubigen, redlichen Besitzers, gegen den häufig kein Anspruch vorliegt.

> **(P)** Zweck dieser Abschlussfunktion des EBV ist eine privilegierte Haftung des redlichen und gutgläubigen Besitzers, schließlich ist dieser besonders schutzwürdig. Fraglich ist, ob die Abschlussfunktion auch für den bösgläubigen/unredlichen Besitzer gilt?

- e.M.: (-), die Beschränkungen der §§ 987ff. BGB dienen dem Schutz des gutgläubigen, redlichen Besitzers, sodass für eine Sperrwirkung dieser Normen zu Gunsten des bösgläubigen Besitzers eben kein Anlass bestehe. Dieser sei gerade nicht schutzwürdig[149]

- a.M.: (+), Wortlaut des § 993 I 1 HS. 2 BGB schließe eine weitergehende Haftung grds. aus, folglich auch für den bösgläubigen Besitzer. Ebenso zeigt § 992 BGB, dass der Gesetzgeber nur unter bestimmten Voraussetzungen eine Öffnung des Deliktsrechts erlauben wollte.[150]

b) Verhältnis der EBV-Ansprüche untereinander

Die Ansprüche aus dem EBV stehen in echter Anspruchskonkurrenz zueinander.[151]

c) Verhältnis zu vertraglichen Ansprüchen

---

[149] BGHZ 56, 73, 77; *Wolf/Wellenhofer*, § 22 Rn. 43; *Schreiber*, Jura 1992, 356, 362 (lesen!)
[150] *Wolf/Wellenhofer*, § 22 Rn. 43.
[151] *Vieweg/Werner*, § 8 Rn. 50.

Sofern ein Rechtsverhältnis beendet wird, ergibt sich eine Vindikationslage, weil eben kein Recht zum Besitz mehr besteht.

> **(P)** Umstritten ist, ob neben den vertraglichen Rückabwicklungsansprüchen die Vorschriften des EBV Anwendung finden:

- e.A.: Die §§ 987ff. BGB kommen zur Anwendung und es liege folglich eine echte Anspruchskonkurrenz vor. Schließlich liege nach Vertragsbeendigung eben kein Recht zum Besitz mehr vor, sodass eine Vindikationslage begründet sei.[152]

- a.A.: (-), das Schuldrecht enthalte eigene Vorschriften für die Rückabwicklung von Schuldverträgen (z.B. § 546 II BGB) deren besondere Voraussetzungen nicht umgangen werden dürfen; für die §§ 987ff. BGB bleibe folglich kein Raum.[153]

- h.M.: In der Regel finden die §§ 987ff. BGB nur subsidiäre Anwendung, wenn das Rechtsverhältnis nicht durch Parteivereinbarung oder Rückabwicklungsvorschriften geregelt sei.[154] Sie würden nur im Ausnahmefall zum Einsatz kommen, wenn nach Beendigung des Rechtsverhältnisses und im Zeitpunkt des Herausgabeverlangens eine Vindikationslage bestehe und sie als Lückenfüller anwendbar seien.[155]

---

[152] BGHZ 85, 11, 13; Palandt-*Bassenge*, § 985 Rn 1; *Vieweg/Werner*, § 8 Rn. 52.
[153] *Vieweg/Werner*, § 8 Rn. 52; *Wolf/Wellenhofer*, § 22 Rn. 38.
[154] *Wolf/Wellenhofer*, § 23 Rn. 21.
[155] *Giesen*, ZJS 505, 507; *Wolf/Wellenhofer*, § 23 Rn. 21.

Mobiliarsachenrecht Kompakt

(B) Ausschluss der §§ 987ff. BGB durch § 241a BGB:
Werden Waren unbestellt zugesendet, fehlt es an einem Vertrag. Folglich könnte man eine Vindikationslage annehmen. Mit der Regelung des § 241a BGB wird die Anwendung der §§ 987ff. BGB zum Schutze des Verbrauchers allerdings ausgeschlossen. In solchen Fällen hat der Verkäufer weder einen Herausgabeanspruch aus § 985 BGB noch Schadensersatzansprüche aus den §§ 987ff. BGB.[156]

d) Verhältnis zum GoA-Recht

aa) Echte berechtigte GoA ohne Auftrag

Die echte berechtigte GoA verschafft dem Fremdbesitzer ein Recht zum Besitz, sodass EBV-Ansprüche mangels Vindikationslage ausgeschlossen sind.

bb) Echte unberechtigte GoA ohne Auftrag

(P) Inwiefern die Ansprüche aus EBV bei einer echten unberechtigten GoA Anwendung finden, ist umstritten:

- e.A.: Die EBV-Ansprüche werden durch die Vorschriften der GoA verdrängt. Schließlich enthalten die §§ 677ff. BGB auch bei der unberechtigten GoA Sonderregelungen bei altruistischer (= uneigennütziger) Einmischung. Im EBV dagegen würden solche Beweggründe keine Berücksichtigung finden.[157]

---

[156] *Lorenz*, JuS 2000, 833, 841; *Wolf/Wellenhofer*, § 22 Rn. 40.
[157] *Vieweg/Werner*, § 8 Rn. 55; MüKo-*Seiler* Vor § 677 Rn. 18.

- a.A.: Die Vorschriften des EBV entfalten eine abschließende Sperrwirkung.[158]

cc) Angemaßte Eigengeschäftsführung

§ 687 II BGB ist nach allgemeiner Auffassung neben den §§ 987 ff. BGB uneingeschränkt anwendbar, denn ihr Schutzzweck, die Privilegierung des redlichen Besitzers, muss bei angemaßter Eigengeschäftsführung eben nicht gewahrt werden.[159]

e) Verhältnis zum Bereicherungsrecht

aa) Nutzungsherausgabe

Bei einer **Leistungskondiktion** können im Einzelfall neben den §§ 987ff. BGB Ansprüche auf Herausgabe von Nutzungen nach den §§ 812ff. BGB einschlägig sein. Das ist insbesondere bei den Fällen der Fall, in denen sowohl der zugrundeliegende Vertrag sowie die Übereignung nichtig sind.[160]

Bei einer **Eingriffskondiktion** dagegen sind Ansprüche aus § 812 I 1 BGB, sofern es um die Herausgabe von **Nutzungen** geht, grds. ausgeschlossen. Schließlich handelt es sich bei den §§ 987ff. BGB ihrer Natur nach selbst um einen speziellen Fall der Eingriffskondiktion.[161]

---

[158] Schulze-*Schulze*, vor §§ 677-687 Rn. 13; MüKo-Seiler Vor § 677 Rn. 18.
[159] BeckOK-*Fritzsche*, § 994 Rn. 38; *Vieweg/Werner*, § 8 Rn. 57.
[160] *Wolf/Wellenhofer*, § 22 Rn. 43.
[161] *Wolf/Wellenhofer*, § 22 Rn. 44.

Mobiliarsachenrecht Kompakt

Geht es jedoch um den Wert der Sache selbst, finden die Ansprüche aus §§ 812 I 1 Alt. 2, 816, 951 BGB neben §§ 989, 990 BGB Anwendung. Dies wird damit begründet, dass dem Eigentümer der Wert seiner Sache in jedem Fall zukommen müsse, denn er hätte ja, sofern die Sache noch existieren würde, auch einen Anspruch aus § 985 BGB.[162] Wenn also § 993 I eine Haftung nach Bereicherungsrecht für die Übermaßfrüchte (s.o.) zulässt, so müsse dies erst recht gelten, wenn der Besitzer den gesamten Wert der Sache an sich zieht.[163]

bb) Ersatz von Verwendungen

(P) Höchst strittig ist das Verhältnis der §§ 994ff. BGB zu den Vorschriften aus dem Bereicherungsrecht hinsichtlich eines Verwendungsersatzes:

- e.A: §§ 994ff. BGB stellen eine abschließende Sonderregelung hinsichtlich des Ersatzes von Verwendungen dar. Die Vorschriften des EBV sind auf bestimmte Konstellationen zugeschnitten und differenzieren streng zwischen Redlichkeit sowie Erforderlichkeit der Verwendung. Dies diene insbesondere dem Schutz des Eigentümers vor aufgedrängten Bereicherungen durch einen unredlichen Besitzer. Dieses Wertungssystem würde sonst unterlaufen werden.[164]
- a.A.: Die Verwendungskondiktion aus § 812 I 1 Alt. 2 BGB sowie die Eingriffskondiktion aus §§ 951 I, 812 I 1 Alt. 2 seien neben den §§ 994ff. BGB anwend-

---

[162] *Wolf/Wellenhofer*, § 22 Rn. 45.
[163] *Wolf/Wellenhofer*, § 22 Rn. 45.
[164] Palandt-*Bassenge*, § 994 Rn. 4; BGHZ 87, 296, 301; *Wolf/Wellenhofer*, § 23 Rn. 26.

bar.[165] Ansonsten könne der Eigentümer ggf. ohne sachliche Rechtfertigung aus den Verwendungen Vorteile ziehen. Außerdem könne er sich gegen Nachteile durch die Einrede der aufgedrängten Bereicherung schützen. Ansonsten entstünde eine nicht nachvollziehbare Ungleichbehandlung zwischen dem besitzenden und nichtbesitzenden (für den die §§ 994ff. BGB nicht gelten) Verwender, weil Letzterer sich auf das Bereicherungsrecht berufen könne.[166]

Ein Bereicherungsanspruch aus § 812 I 2 Alt. 2 BGB bei einer **Leistungskondiktion wegen Zweckverfehlung** wird jedoch nach einhelliger Auffassung nicht durch die §§ 994ff. BGB ausgeschlossen.

Denn in diesem Fall verfolgt der Besitzer einen über die bloße Verwendung auf die Sache hinausgehenden Zweck, bei dessen Nichteintreten das Bereicherungsrecht zur Anwendung kommt.[167]

f) Verhältnis zum Deliktsrecht

Die Abschlussfunktion des EBV für das Deliktsrecht (§§ 823ff. BGB) erfährt zwei entscheidende Ausnahmen.

aa) Gesetzliche Ausnahme, § 992 BGB

Eine Ausnahme von der Sperrwirkung des § 993 I 1 HS. 2 BGB macht das Gesetz selbst in § 992 BGB im Falle von

---

[165] *Wolf/Wellenhofer*, § 23 Rn. 26.
[166] *Giesen*, ZJS 505, 512; *Wolf/Wellenhofer* § 23 Rn. 26.
[167] *Wolf/Wellenhofer* § 23 Rn. 27.

Mobiliarsachenrecht Kompakt

einer Besitzerlangung durch verbotene Eigenmacht oder Straftat.

bb) Fremdbesitzerexzess

Eine Durchbrechung der Abschlussfunktion wird auch beim sog. **Fremdbesitzerexzesses** infolge eines unwirksamen Vertrages gemacht. Der unrechtmäßige Besitzer soll in diesem Fall nicht besser, aber eben auch nicht schlechter gestellt werden, als wenn der Vertrag doch wirksam gewesen wäre.[168]

> Beispiel:
>
> *A ist unerkannt geisteskrank und vermiete an B eine 1-Zimmer-Wohnung. Bei einem missglückten Kochversuch setzt B fahrlässig die Küche in Brand. Welche Ansprüche hat A gegen B?*
> *Wäre der Mietvertrag zwischen A und B wirksam gewesen, so hätte A sowohl vertragliche (§§ 280 I, 241 II BGB) als auch deliktische Ansprüche (§ 823 I BGB) gegen B. In diesem Fall ist der Mietvertrag aber aufgrund der Geisteskrankheit des A gem. §§ 104 Nr. 2, 105 I BGB unwirksam. Eine vertragliche Haftung kommt folglich nicht in Betracht. Eine Haftung nach §§ 989, 990 BGB scheidet ebenso aus. Zwar liegt eine Vindikationslage vor, B ist jedoch gutgläubig. Folgerichtig löst die Vindikationslage aber die Sperrwirkung des § 993 I 1 HS. 2 BGB aus, sodass B nicht für die Beschädigung der Küche haften müsste.*
> *Dieses Ergebnis ist jedoch nicht tragbar. B war sich bewusst, dass er mit dem fremden Eigentum sorgsam umgehen muss, unabhängig davon, ob er von dem unwirksamen Vertrag wusste oder nicht. Ferner würde dies dazu führen,*

---

[168] *Wolf/Wellenhofer*, § 22 Rn. 42.

> dass B als nichtberechtigter Besitzer besser dastehen würde als ein rechtmäßiger Besitzer mit gültigem Mietvertrag. Dieser würde sowohl vertraglich als auch deliktisch haften. Daher ist in diesem Fall eine Durchbrechung der Abschlussfunktion des EBV angebracht. So lässt die ganz h.M. B zumindest nach § 823 I BGB haften.
>
> In diesem Fall haftet B folglich nicht aus §§ 989, 990 BGB, aber nach § 823 I BGB.

g) Verhältnis zu dem Anspruch aus § 951 BGB

Die §§ 987ff. BGB stehen der Anwendung des § 951 BGB nicht entgegen.[169] § 951 BGB ist nämlich kein Schadensersatz-, sondern ein Wertersatzanspruch und bei dem Verbrauch der Sachsubstanz handelt es sich auch nicht um eine Nutzung im Sinne des § 100 BGB, sodass § 993 I HS. 2 BGB nicht zur Anwendung kommt.

---

[169] BGH NJW 1971, 612, 614.

Relevante Rechtsprechung

Quelle	Inhalt
BGH NJW 1955, 499	Zur Wirksamkeit des Besitzmittlungsverhältnis und seine Auswirkungen auf den mittelbaren Besitz
BGH NJW 1973, 141	Geheißerwerb auf Erwerberseite
BGH NJW 1975, 735	Ausschluss des gutgläubigen Erwerbs bei Nichtvorlage des Kfz-Briefs
BGH NJW 1989, 3213	Zur Bösgläubigkeit des Herstellers bei Eigentumserwerb gem. § 950 BGB
BGHZ 55, 176	„Jungbullenfall"

BGH NJW-RR 2004, 570	Anspruch aus § 985 BGB gegen den mittelbaren Besitzer
BGHZ 41, 21	Zurechnung des Wissens bei Hilfspersonen bei bösgläubigen Besitzerwerb
BGH NJW 1990, 909	Schadensersatz aus § 989 BGB für Rechtsverfolgungskosten gegen einen Dritten
BGHZ 24, 188	Anspruch auf Schadensersatz aus § 991 II BGB gegen den Fremdbesitzer bei unwirksamen Besitzmittlungsvertrag mit einem Drittem
BGH NJW 1971, 1358	Sperrwirkung des EBV beim bösgläubigen Besitzer
BGH NJW 2002, 2875	Einwilligung in die Vornahme von Verwendungen und eine daraus folgende eigenständige Geltendmachung des Anspruchs auf Verwendungsersatz

Ausgewählte Aufsätze

Autor	Titel, Quelle
Bayerle, Katrin	„Trennungs- und Abstraktionsprinzip in der Fallbearbeitung", JuS 2009, 1079
Bayreuther, Frank	„Fahrradfreuden", JA 1998, 293
Bayreuther, Frank *Arnold, Bastian*	„Rückabwicklung einer rechtsgrundlosen Verfügung durch einen Nichtberechtigten", JuS 2003, 769
Coester-Waltjen, Dagmar	„Die Eigentumsverhältnisse in der Ehe", Jura 2011, 341
Ebel, Hermann	„Die verschärfte Haftung des Minderjährigen im Eigentümer-Besitzer-Verhältnis", JA 1983, 296

Kiefner, Hans	„Der bösgläubige Besitzdiener", JA 1984, 189
Kindl, Johann	„Das Eigentümer-Besitzer-Verhältnis: Schadensersatz und Nutzungen", JA 1996, 115
Lipp, Marisa	„Besitz und Besitzschutz im Bürgerlichen Recht", JuS 1997, L-57
Musielak, Joachim	„Der Rückerwerb des Eigentums durch den nichtberechtigten Veräußerer", JuS 2010, 377
Rehm, Gebhard *Lerach, Mark*	„Fortgeschrittenenklausur im Zivilrecht: Eigentumserwerb durch Verbindung beweglicher Sachen – Der Bücherwurm", JuS 2008, 613
Süß, Thorsten	„Der gesetzliche Erwerb des Eigentums an Mobilien", Jura 2011, 81
Weber, Ralph	„Der rechtsgeschäftliche Erwerb des Eigentums an beweglichen Sachen gem. §§ 929ff. BGB", JuS 1998, 577

Literaturverzeichnis

Flume, Werner	„Der verlängerte und erweiterte Eigentumsvorbehalt", NJW 1950, 841
Giesen, Lennart	„Überblick über die Streitstände beim Verwendungsersatz im EBV", ZJS 2014, 505
Heuermann, Bernd *Brandis, Peter*	EStG – KStG – GewStG Kommentar
Lorenz, Stefan	„Im BGB viel Neues - Die Umsetzung der Fernabsatzrichtlinie", JuS 2000, 833
Lüke, Wolfgang	Sachenrecht, 3. Auflage, München 2014
Säcker, Franz Jürgen *Rixecker, Roland*	Münchener Kommentar zum BGB: Band 4 §§ 611-704: 6. Auflage, München 2012 Band 6 §§ 854-1296: 6. Auflage, München 2013

Palandt, Otto	Bürgerliches Gesetzbuch: BGB, 13. Auflage, München 2014
Prütting, Hanns	Sachenrecht, 35. Auflage, München 2014
Roth, Herbert	„Grundfälle zum Eigentümer-Besitzer-Verhältnis", JuS 1997, 518
Roth, Herbert	„Grundfälle zum Eigentümer-Besitzer-Verhältnis", JuS 1997, 710
Schreiber, Klaus	„Das Eigentümer-Besitzer-Verhältnis, Teil I: Vindikationslage, Schadensersatzansprüche", Jura 1992, 356
Schulze, Reiner	Bürgerliches Gesetzbuch Handkommentar, 8-Auflagen, Baden-Baden 2014
Vieweg, Klaus *Werner, Almuth*	Sachenrecht, 5. Auflage, München 2011
Westermann, Peter *Gursky, Karl-Heinz* *Eickmann, Dieter*	Sachenrecht, 8. Auflage, Heidelberg 2011

Wilhelm, Jan	Sachenrecht, 3. Auflage, Berlin 2007
Wolf, Manfred Wolf *Wellenhofer, Marina*	Sachenrecht, 28. Auflage, München 2013

Printed in Germany
by Amazon Distribution
GmbH, Leipzig